Économie
sociale
La solidarité au défi de l'efficacité

フランスの
社会的経済

ティエリ・ジャンテ
Thierry Jeantet

石塚秀雄 訳

日本経済評論社

Économie sociale:
La solidarité au défi de l'efficacité
by Thierry Jeantet
Copyright © La documentation Française, Paris, 2006

Japanese translation published by arrangement
with La documentation Française

# 日本語版序文
## 社会的経済：日本，フランス，世界の１つの現実

　「資本主義を人間中心の考えのものにしなければいけない．それはわれわれの社会が人間をあらゆるものの頂点に置くようにすることである．少数の資本家に過大な報酬と特権を与えることによって賃金労働と企業精神が愚弄されることを，私と私の知っている何千の企業家は認めることはできない．営利活動は世界的に妥当だと認められており，工場や商業の場で，労働者は会社のゲームの将棋の歩のように扱われているのだ」[1]．「市場の自己規制は機能していないのだ」[2]．

　多国籍企業や政府の言い分をたくさん引用することはできるが，人々はこうした投機家資本主義が政治の麻痺の増大をもたらす災害についてため息をついている．すなわち，日本でも世界中で起きていることと同じことが起きている．

　こうしたことが構造的に起きない経済モデルの規則をどのよう作り出すか．「前しか見ない」資本家にはそれはできない．とりわけ，株主の収入の特権を離さないからであり，それは見えないしすぐに目の前から消えてしまうからである．産業計画を金融のためにやめてしまうことによる社会的損害についても全然心配しない．投機資本家は私的投資基金をインターネットで操作して，まるで君主のように経済領域をあちこちと恐ろしく動き回るのである．

　われわれは，この状況に対して非難して嘆くだけでよいのか．なぜ，われわれのアンテナは，広大なアマゾンの減少する面積の数字や，栄養失調の子供の数字や貧困の瀬戸際で暮らしている人の世界人口などに比べると，株式市場についてはたどたどしくしか読みとることができないのか．先進国で増大する失業者の数はどのくらいか．これから来るべき資本主義は現状の資本

主義よりましなのか．それは「自由」の少ない資本主義で持続可能な約束をするものなのか．真の問題は，そうした資本主義ではない．問題は資本主義に代わり得るものにどんなものが列記できるかだ．それを確かめる必要はないのであろうか．考えてみる必要があるのではないか．

「現実の」共産主義が崩壊して以後，代案はたんなる提案をするおとなしい役割を押しつけられたり抗議してぶるぶる震えるだけの最悪の役回りを押しつけられている．困難さは新しい代案を考えることにあるというよりも，すでに存在しその効果が試されている代案をどう推進するのかにある．

市場経済に南も北も，先進国も発展途上国も飲み込まれている．実際に企業は存在する．また民主的な生産事業体も存在しており，富をより公正に分配しようという具体的なビジョンをもっている．こうした人間的企業は「社会的経済」という用語の下で認識されており，共済組合，協同組合，アソシエーション，非営利組織，財団などによりセクターが形成されている．まだ互いのコミュニケーションが十分とはいえないが，今後，社会的経済は世界的に人々に被害をもたらしている金融資本主義にたいして，発言権を持つものであり，またもたなければならないものである．社会的経済企業は経済人や研究者が注目すべき新しい企業モデルなのである．

したがって，社会的経済を構成する企業や事業体は，それぞれの独自の役割を明らかにしなければならない．しばしば，社会的経済企業は，社会的修復のためのだけの企業だから，別物だと考えられがちである．だが協同組合だけでも世界で8億人が加盟しているのである．医療共済組合には3億人が加入しているし，保険共済には1億7500万人が加入している．協同組合セクターでは直接雇用だけでも1億人が働いている．この人数は世界の多国籍企業の従業員の120％である．ただし社会的経済に関する統計は部分的でしかないのである．

社会的経済はすでに，農業，漁業，農業加工品，薬品，商業，文化，エネルギー，運輸などの産業で大きな位置を占めている．社会的経済企業の活躍は，たしか日本でも見られるはずであるが，フランス，ヨーロッパ各国，米

国，カナダなどで見られる．それらの国はマルクス主義経済を信奉しているわけではない．またインドやブラジル，アフリカ諸国においても社会的経済の根がはりつつある．東欧でも社会的経済が再生しつつある．ところで，日本では社会的経済は非営利組織，協同組合，農協，保険，金融，生協などがそれぞれの分野で「底力」を発揮するものとして示されている．女性による社会的イニシャチブは協同組合の形態で取り組まれている．協同組合の金融機関や保険機関，また労働組合による共済および生協は，将来の日本における連帯と近代化を結びつけた重要なネットワークを構成する．

社会的経済は，その原則が連合すること構造化することにより成功している．共同の自由なイニシャチブによって生まれた社会的経済企業は，1人1票原則に基づいた平等と内部民主主義を定款に取り入れている．社会的経済企業は，剰余金の公正分配と自己資金を個人に配分せず，共同する全体を考慮した持続的な経済の不可欠な基礎とする．社会的経済企業は株式の公開買い付け攻撃されるということもないし，国家からも独立している．それは協同組合，共済組合，アソシエーションの法律を整備すべきという要請があるからである（ただし，日本や東欧ではそうとばかりはいえないが）．

連帯とは，個人が活動家として生産者として消費者として発展するということであり，市民という概念の中に企業を担うすなわち経済を担うというものがないことに対して，ある種特別な考えを加えるものである．

21世紀における社会的経済企業の発展の鍵は，その社会的貢献と経済的な切り札についての比較分析によって見えやすくなっていることから，個人主義に対抗した民主主義の推進，内部運営において特徴的な価値を示し，新しい担い手を捜して進められている．またフランスと日本の社会的経済の研究者も一緒に研究を進めている．

こうした新しいパートナーシップは，国際的にもすすんでおり，IMF，国連，ILOなどは社会的経済を論じており，国家（とりわけ発展途上国）や地方自治体レベルでも社会的経済・連帯経済に対する認識は深まっている．

経済・金融・財政関係をもう一度洗い直すというのが肝心なところで，さらには交換関係も市場だけに限らないで考えるのである．社会的経済は，イデオロギー的なくびきから逃れて，活動する場を提供することができる．

社会的アクター，労働組合セクター，経済的アクター，政治的アクター，研究者などはこの新しい再生に関わっている．社会的経済は，協同組合，共済組合，アソシエーション，財団などによって担われるものであるが，グローバル化の中で，より人間的な企業であり必要な企業であることを主張する．

本書を訳した石塚秀雄に感謝するとともに，本書によって社会的経済がよりわかりやすくなればなによりもうれしいことである．

1) ニコラ・サルコジ，フランス共和国大統領．ブザンソン，2007年3月13日．
2) ドミニク・ストラス・カーン，国際通貨基金専務理事．2008年4月18日．

# 目次

日本語版序文 ........................................................................ iii
凡例 ................................................................................... xi
序文 ............................................................ ミッシェル・ロカール 1

## 第1章　社会的経済のルーツ .................................................. 7

  1.　多元的な動き，共通の経験　　　　　　　　　　　　　8
    1.1　きっかけとなった諸要素　8
    1.2　主要な領域　9
    1.3　1848-1900年までの先駆的期間　10
    1.4　19世紀初期の創設者たち　12
  2.　「研究と実践」，アソシエーション主義から協同組合と
    共済組織へ　　　　　　　　　　　　　　　　　　　　15
    2.1　協同組合の実践　15
    2.2　共済組合の発展　18
    2.3　現代の社会的経済の発展に影響を与えた諸思想　18

## 第2章　社会的経済の家族と親戚 ............................................ 23

  1.　原則と現実　　　　　　　　　　　　　　　　　　　　23
    1.1　19世紀と20世紀から引き継がれた諸原則　24
    1.2　21世紀における社会的経済原則の現実性　27
    1.3　原則に基づく発展の財政支援　29
  2.　再認識の道　　　　　　　　　　　　　　　　　　　　33
    2.1　現代の社会的経済の多様なあり方　34

2.2　現代的定義　40

第3章　法人形式の種類……………………………………………… 47

　1.　フランスの社会的経済組織の4つの形式　47

　　1.1　協同組合　48

　　1.2　医療共済組合　56

　　1.3　共済保険（相互保険会社）　58

　　1.4　アソシエーション　60

　　1.5　財団　68

　2.　問題点と比較　76

　　2.1　法律の発展と将来的ネットワーク　76

　　2.2　ヨーロッパの社会的経済法の明確化の動き　80

第4章　社会的経済が作り出す財とサービス ……………………… 83

　1.　全体の外観　83

　　1.1　フランス経済における社会的経済の比重　85

　　1.2　社会的経済の分野　87

　　1.3　社会的経済企業グループ会議　87

　2.　社会的経済の分野　87

　　2.1　生産および運輸の社会的経済　87

　　2.2　流通の社会的経済　92

　　2.3　金融セクター　95

　　2.4　その他サービス活動　99

　　2.5　発展しつつあるセクター：対人サービス　101

　　2.6　アソシエーションと財団　101

　3.　ヨーロッパレベルと国際レベルでの活動の拡大　104

　　3.1　ヨーロッパにおける社会的経済の重要性　104

　　3.2　ヨーロッパにおける社会的経済の代表組織　105

3.3　ヨーロッパ連合の拡大による社会的経済の拡大の機会　105

## 第5章　公的セクターと私的セクターと社会的経済の関係………… 107

1. 1980-90年：国家による社会的経済の認知　107
   1.1　社会的経済各省間代表機関　107
   1.2　社会的経済セクターと公権力との緊密な関係　108
2. 公権力とアソシエーション：特別なパートナーシップ　110
   2.1　法的関係　110
   2.2　財政ネットワーク　112
   2.3　共同パートナーシップの活動の委託　112
3. 社会的経済と地方自治体とのパートナーシップ：新しい飛躍　114
   3.1　社会的経済の地域政策　114
   3.2　新しい地域協同　114
   3.3　協同の道具　116
4. 社会的経済と労働組合運動　117
   4.1　社会的経済と労働組合との関係　117
   4.2　社会的経済と労働組合の一致　119
   4.3　農民組合：共生と隔たり　124

## 第6章　社会的枠組みと価値……………………………………… 125

1. 企業の社会的責任とその評価　125
   1.1　多様な評価手段とラベル化　125
   1.2　諸制度の調和をめざして　129
2. 取り組みの状況：社会的会計　131
   2.1　起源と定義　132
   2.2　社会的会計の目的　132
   2.3　特徴　133

3. 予算，評価，ラベル化の組み合わせ　　135

第7章　新しいダイナミックな挑戦 …………………………………… 139
　1. 6つの挑戦　　139
　　1.1 新しい「ニーズの論理」の登場　139
　　1.2 財とサービスへのアクセス　142
　　1.3 新しい「社会契約」または「社会的協定」　142
　　1.4 「勤労者と消費者の参加」を求めて　143
　　1.5 研究の連帯　144
　　1.6 「社会性」の登場　144
　2. 社会的経済を強化する方法　　144
　　2.1 ガバナンスの現代化　144
　　2.2 教育研究の重視　145
　　2.3 国境を越えた協同の必要性　148
　　2.4 国際連帯の必要性　149
　　2.5 国境を越えた社会的経済の金融づくり　150

結論 ……………………………………………………………………… 151


付録 1　フランスの団体，連合会　　　　　　　　　　　　　152
　　2　国際，ヨーロッパレベルの連合会　　　　　　　　　162
　　3　略語一覧　　　　　　　　　　　　　　　　　　　　165

訳者あとがき　　　　　　　　　　　　　　　　　　　　　　170
索引　　　　　　　　　　　　　　　　　　　　　　　　　　174

## 凡例

1. 原書には各章における節には番号がついていないが，わかりやすくするために番号を付けた．
2. 原書には注がついているが，ほとんどすべてが引用出典であるフランス語の文献ないし文書名であるので，割愛した．
3. 原書の付録には参考文献一覧がついているが，同様に割愛した．
4. 付録1の中で，簡便な短い表現にした箇所が一部ある．
5. 訳注は〔　〕で示した．
6. 原書にはない索引を新たに加えた．

# 序文

ミッシェル・ロカール

　本書は，フランスの読者にとっても十分新しく重要である．本書はフランスの社会的経済の豊かな歴史を紐解き，分析し問題を明らかにしている．実践家にとってはマニュアルとなり，社会的経済に関わる人々すべてにとっても役に立つ．とりわけ非営利組織，非営利金融組織，政策関係者などにとっても大いに役に立つと思われる．

　フランスの社会的経済セクターは元気である．そこで働く人は100万人を超え，長期に雇用を生み出し続けている．社会的経済は，一部の分野において先頭を走る「リーダー」的役割を果たしている．農産品，医療，保険をはじめとして，建築業，小売業などがつづく．さらなる発展が期待されている．

　私は社会的経済セクターに以前から多大の関心を持ってきた．社会的経済は労働組合運動，社会主義運動が混ざったものであるという見解もあるが，私は，当初からそうした見解は極めて古くさいものであることを主張してきた．というのも，社会的経済については1930年代を前後した時期に個人や集団，制度的組織と非制度的な組織，協同組合や共済組合などのネットワークが形成されてきたのであり，労働組合や社会党はその一部にすぎず，各組織の中でのその影響力は薄まったのである．

　この両者に距離を置くことは，互いに補完的な役割を果たすべきなのにそれぞれが殻に閉じこもることになった．協同組合と共済組合は互いに無視しあった．共通の意見も共通の利害もネットワーク化されなかった．財団とアソシエーション（非営利組織）も同様で，それぞれ別の世界にあって過去の関係も無視された．

　社会的経済という用語は，一般の言葉としては消えてしまった．1960年

代から1970年代になってようやく協同組合と共済組合はなにかしらの共通点を見いだそうとしたが，その運動は社会変革を展望するというまでにはいたらなかった．

ところで，協同組合と共済組合は，その後になって生まれた労働組合や左翼政党と同様に，資本主義の社会的過酷さを緩和し，社会をより人間的にするために生まれたものである．社会においては企業の私有財産制があり，たえざる利潤追求のために効率の増加を求め，社会関係の中で暴力化していくという代償を払うのである．初期の共済組合の中から勤労者むけの葬儀サービスがうまれ，また初期の協同組合の中から労働紹介の協同組合や「人身売買」のような半奴隷的な雇用状態に対抗するための労働者協同組合が生まれた．

資本主義のオルターナティブとしては公的な経済が称揚されたがほとんど有効性を示せなかった．また共産主義の最大限主義的考えも過剰な公共サービスをミニマムにするという考えも大差なかった．大事なのは，より人間的な経済——それは市場経済であるだろうが——はどのようなものであるのかということが追求されてきたことである．

ところで，協同組合と共済組合は，市場経済で活動する企業であり，その財とサービスを市場に提供するが，民主的管理をし，経営陣は「1人1票」原則にもとづいて選出された者が行い，事業による利潤は全員に配分されて，経営陣や資本所有者たちだけで配分するものではない．それは厳密な意味での資本主義の中にいるというのではなくて，穏健な市場の中にいるというべきものである．次のような主張がなされる．すなわち協同組合と共済組合はそこで働く者，またその労働条件や雇用について，従来の資本家という競争相手と同じ市場において，大切にする．

1975年に，フランソワ・ミッテランが社会党の第一書記であったときに，私は公的セクターの全国事務局の責任者であった．左翼の共同綱領作りにおいて，1972年に作成された文書には，共産党，社会党，左翼急進運動が関わっていたが，協同組合や共済組合を公的セクターに位置づけていた．それ

で私の担当になったのである．以後私は作業グループを組織し，その分野の人々と会合を開き，なんらかの共同理念のとりまとめに尽力した．

　最初明らかになったことは，何らかの共通した事柄が存在するということであった．少なくとも理論上での共通点とは，株主や経営陣だけに配当をするというのとはちがう企業が存在するということであった．たしかにそのことは協同組合や共済組合については言えた．しかし財団やその他の小さなセクターは看過された．新しい状況についてはほとんど考慮されなかったが，非営利組織・アソシエーションの大きな世界があることは明白だった．アソシエーションの規模は，メンバーだけに関心を持っているものや他者にだけサービスを提供するもの，ボーリングクラブなどを含めたものとして考えられた．しかし，こうしたアソシエーションの多くは，その経営陣がボランティアであり，彼らはメンバーより熱心に仕事に取り組んでいる．スポーツアソシエーションは，一般公開競技会などを組織する．医療アソシエーションはだれでも治療する．事業活動をして，財やサービスにより報酬を受ける．それは内部であったり，仲間内であったり，第三者によってであったりする．すなわちそれは非営利の市場経済である．したがってアソシエーションは協同組合や共済組合や財団と同じセクターなのである．しかし，この共通の区分は実践的に証明されるものなのであろうか．

　連帯が結果はともあれ重要である．しかも，連帯感に支えられた広がりが大事である，したがって大事なのは一緒にやるということである．

　しかし，シャルル・ジードが社会的経済を語ったときに，時代が変わったことにだれも気がつかなかったといえる．ジードが社会的経済と呼んだことによって，そう呼ばれるものをある日支持するだろうということを知らずにいた社会党にある決定をもたらしたのである．しかし，それは第2の考え，すなわち，こうした社会的経済の集まりの場に1つの共通の名称が与えられたことには違いないのである．いろいろな運動や組織の相談を，社会党のいくつかの支部が「社会的経済」という用語に基づいて行ったのであった．

　こうした認識の結果，非営利企業は共通の使命を持つに至り，包括的な呼

び方を受け入れた．第3番目の考えは，セクターのあらゆる分野にとっての共通のやり方を作り上げるということである．協議会といったものが必要となった．それで社会的経済最高会議を設立しようということになった．セクター全体の発展を促進するための運営機関もさらに作られた．結局，金融手段となる組織がセクターの連帯を実践的にも確保するものであるとされた．

かくして，ひとつのプロジェクト「社会的経済社会党宣言」が生まれた．私は1977年秋の社会党事務局会議に参加していた．私が驚いたことには，その宣言は否決された．そして，それは再決議に掛けられた．それはまったく陳腐なものに変えられてしまった．しかし，私はがんばって主張した．すなわち，第3回目の決議案の提出である．その提案は受け入れられた．われわれが1977年12月から1978年1月にかけて言われたことは，1978年3月に行われる選挙前に中小業者をおびえさせないようにこの提案の発表を控えてくれということだった．したがって，誰もこのテーマには触れず，提案そのものも消えてしまった．

しかし，1981年5月10日にフランソワ・ミッテランが大統領に就任した．その政権下のモロワ内閣で私は地域整備計画担当の国務大臣に5月末に就任した．そこで私は再び社会的経済を取り上げることにした．しかしながら国務院は，こざかしくも，私の通達をつぎのような面食らうような文句をくっつけてお釈迦にしてしまった．「社会的経済は存在しない．まず作るのが先である．ないのに何かをする大臣などはいないものだ」と．

窮余の一策として，私は地域整備計画担当と協同組合最高会議の責任者としてそこでの議論に任せることにした．協同組合最高会議は昔からある機関である．

そこですべてが振り出しに戻って始まった．モロワ内閣の変わらぬ支持もあった．とりわけ，全国教育共済組合の幹部でもある閣僚の1人ピエール・ルッスルの支持により，社会的経済最高会議と社会的経済各省代表会議を2年後に作ることができた．これらは私の所管となった．社会的経済開発機関は，セクターのとりまとめ役として社会的経済のグループの法的概念規定作

りを行った．非営利であること，すなわち資本主義企業に対して社会的責任企業（GIE）〔訳注：商法に基づく共同企業（経済利益グループ）〕であること，合併や子会社設立などが社会的経済もできることの法的規定を行った．

社会的経済の運動はごたごたの後急速に前進した．社会的経済という言葉は急速に認められ受け入れられた．数年後にジャック・ドロールは財務大臣になってから，社会的経済について私を支持してくれた．そして彼がヨーロッパ連合の委員長になったときにブリュッセルに社会的経済を担当する総局を設置した．社会的経済の概念と言葉はヨーロッパに広がり，多様な運動が一堂に会し，ブリュッセルに「協同組合・共済組合・財団関係委員会」が設置された．ヨーロッパレベルでのこの運動の最大の関心は，EU協同組合法の制定とそれに引き続くEU共済組合法の制定であった．これはEU会社法との関連づけで進められた．ところがEU会社法は30年も塩漬けされていた．何年もかかるのは致し方なかった．EU協同組合法に関する集まりが再開された．そこで作業をして同意にこぎ着けねばならなかったが，なによりも政治的意志が関与しており，今日まだできあがっていない〔EU会社法は2001年に，EU協同組合法は2003年に制定，共済組合法は未定〕．

ともかくもフランスとヨーロッパの社会的経済の復活がすすんでいる．社会的経済の運動は受け入れられつつあり，いろいろな文献が出されているが，いまだ不十分である．

しかし，「新しい社会的経済」の出現で変化が起きている．たとえば，著者は述べているが，社会的弱者の社会復帰のためのまた雇用対策の「仲介」企業が登場してきている．株式会社や有限会社の特別な形態として，協同組合企業や非営利企業が社会的経済の事例として登場してきている．NGOは第三世界や第四世界に関わり，慈善事業や経済活動を行っており，それは社会的経済とも関連しており，公正経済として機能している．こうした新しい動きが政府に社会的経済・連帯経済担当局を設置させることになったのである．この名称で5年続いたが，いまは単に連帯経済局という名前になっている．

われわれは数十年来，ヨーロッパ統合の流れをすすめつつ貨幣経済と資本主義の激化の中で暮らしている．ミッシェル・アベールがライン川を境界とした資本主義を，社会的なものすなわち経営参加の資本主義にすることと述べたが，われわれはいまや株主資本主義におちいっている．不平等が深刻になり貧困化がすすみ，社会システムが不安定化している．この動きをしかるべき方向にもっていく必要がある．その展望をもって社会的経済の役割はいよいよ増している．すでに，経済の人間化と安定化の要素として社会的経済は，経済制度と金融制度の中でその独自の役割が増加している．
　なによりもティエリ・ジャンテがわれわれにわれわれの未来の鍵となる社会的経済セクターの分析をくまなく提示してくれているのである．

# 第1章
# 社会的経済のルーツ

　協同組合，共済組合，アソシエーション，財団はフランス人の半分以上が関わっているものである．そこで働いている人は180万人おり，事業高は国民総生産の12％を占める．人間のグループ化としてのこれらの組織は，総称して「社会的経済」と呼ばれる．それぞれの組織定款には，経済活動，社会的活動，文化活動，スポーツ活動その他の多様な分野が示されている．これらの社会的経済は，民主的，公正，連帯を原理としてヨーロッパや世界において，消費者，勤労者，市民のニーズに応えるものとして，多様な起源を持つ．遠い昔，人類が相互扶助を地域的にあるいは職業集団的に行っていたときに溯る．村や地域（たとえば教区）での相互扶助，農業活動での結いのような相互扶助，自然災害時のときの連帯，人間の病気や家畜の病気の時の助け合い，共同体や企業での助け合いなど，職人組合，団体，社会的相互扶助ボランタリー組織などがそうした例である．15世紀にはすでに，その後に社会的経済となるような原則や初期形態が発生している．諸個人や家族は天候不順や事故の際には団結して，助け合いを組織し，その実行のための諸関係を作り出した．また農村や都市では連帯，救援，リスク分担の仕組み，「抵抗」の仕組みが次第に作られた．

　こうしたグループはフランスの歴史でも早くから登場した．教会や公権力によって促進されたものもあり，また独立性の強いものもあり，異なる中身や異なる考えに基づいていた．ル・シャプリエ法（1791/6/17）では，コーポラティズムが禁止され，旧体制における信徒会や職能団体が敵視されたが，社会的経済の長い道にとっては1つの道程にすぎなかった．

## 1. 多元的な動き，共通の経験

共同体，信徒会，事業団体，職人団体は，H. デロッシュによれば，社会的経済の「前史」の団体である．18世紀以降，これらの組織は人間的活動推進目的や連帯目的を持ち，現代の社会的経済の萌芽形態であった．たとえば，職人団体は職能組織や徒弟組織の内部に作られた．共済的手段によって人的サービスや専門サービスを構成員に提供した．教育訓練，一人前にすること，物質的支援などを行った．しかし19世紀になって産業革命が起き，社会的経済は現在のものに近いルーツを持つことになった．多くの論者は，社会問題の重要性や資本主義が生み出した罪悪に対する闘争の必要性などを根拠にあげる．

### 1.1 きっかけとなった諸要素

1789年のフランス革命とル・シャプリエ法（1791）は，「労働者の共同」を禁止した．あたらしい抵抗の形態の現れだとみなしたからである．その禁止にもかかわらず，労働者は彼ら自身の経済活動を19世紀はじめから開始し，特に相互救済団体，共済組合，さらには1830年代からは生産アソシエーションに取り組んだ．これらの非合法的取り組みは1884年まで続いた．ル・シャプリエ法が廃止され，結社（アソシエーション）の自由と労働組合の自由が回復し，労働者は社会の舞台に登場した．しかし真の引き金は産業革命であった．それは1840年頃から始まった．農業社会から非食品的な財を機械的に生産する社会，石炭に依拠した鉄道と重工業の発展に基づく社会となった．農村では農業機械の発展により労働剰余が生み出され，多くの農民が失業し，農民達は都市に流入した．低賃金によって，女性労働や児童労働が劣悪な条件で行われた．その賃金はそれぞれ男性の半分および1/4であった．労働者階級は貯蓄をするなどとはまったく不可能だったし，ましてや貸付を受けることもできず，社会保障もまったく存在しなかったので，生活

条件の不安定化をもたらした．最初の反抗の声は，人間を犠牲にした経済の核心はどこかということであった．資本主義が生み出した「犠牲者」（労働者と農民）に「生活できる」条件と労働を提供すべきだという新しい主張が生まれた．社会的経済もまた，これらの不平等を軽減するためのひとつの意思として生まれた．それは別の社会の基礎を示すものであり，そこにおいて諸個人は可能な限り平等でありえるというものであった．

## 1.2 主要な領域

政治的，宗教的な傾向はどうであれ，社会的経済についての異なる考えや理論にもとづく議論によって浮かび上がる共通点がある．

- 人間中心であること：リスク（病気，事故，失業）を回避するため，また堕落（無知や非道徳）を回避するためのものであり，さらには孤立することを避けるためのものである．昔は同業組合や同業団体がその組合員のために社会化し統合して，「疎外」されることを避けた．
- 共生：これは今日でも中心的な目的である．どのような組織にあってもそのメンバーは互いに隔てなく近しい者であることを感じる．お祭りや議論は統合の道具である．
- 「連帯」：昔から農民は収穫のために共同していた．職人は仕事引き受けのための組織を作っていた．村人は危険に直面して，経済目的（集団的に仕事を確保するために）の共同戦線を張り，次の2つの目的のために団結した．
- 「調和の追求」：地域的であれユートピア的または普遍的であれ，調和の追求．この考えは古めかしいものになったように見えるが，現在でも残っている．多様でありまた曖昧でもある．すなわち，社会的平等の追求，文化的平等の追求，個人の間での経済的平等の追求，要するに「社会的平和」である．
- 「解放」：自ら活動する能力，権力の強制を受けないこと，とりわけ経済的圧力を受けないこと．個人は自信と責任をもち，行動する能力をもつ

べきものである．社会的経済にとって関係ない分野はない．あらゆる個人は他者と協同して，人間的な活動のすべての分野に関わる．
- ●「抵抗」：経済的な抑圧，政治的な抑圧，封建領主の抑圧に対する抵抗から産業資本家や金融資本家への抵抗．全体主義政治体制への抵抗．自らの運命を切り開く抵抗．結果をもたらす組織化．社会的，経済的，組織的，政治的な組織化．

### 1.3　1848-1900年までの先駆的期間

1848年は，革命の年であり，なによりも労働者アソシエーションの「スタート」の年であった．1900年はシャルル・ジードがパリ万国博覧会の時に，社会的経済という概念をその形式とルーツを示して確立した年である．この時期，社会的思想運動がフランスに広がりさらにヨーロッパに拡大し，政治的宗教的に様々な影響を与えた．

### (1)　宗教的起源と非宗教的起源

連帯はもともと教会によって推進された．中世では，最初の扶助システムと慈善システムは宗教的動機によるものであった．職業団体や信徒団体はそれぞれ「守護聖人」をもっていたし，そのメンバーは宗教的共同集会に出席していた．相互扶助アソシエーション，後に共済組合は福祉や宗教的扶助組織という古い組織という外観をもっていたり，キリスト教的守護聖人にもとづいて司祭が運営していた．経済学者A. ド・ムラン（1807-77）の慈善的取り組み，さらにF. ル・プレ（1806-82）によるより直接的な社会的取り組みは，社会的経済にとって，労働者によるカトリック的「庇護」の概念から出発した社会的経済の概念を発展させた．ニーム派は，ボイブやシャルル・ジードはもとより，プロテスタントによって設立されたが，ジード自身は「中立」であった．キリスト教の流れはまた社会的経済の出現にとって重要な役割を果たした．都市や農村のあり方についてその影響があった．

非キリスト教的な動きとして，ロバアト・オウエンは人間の能力を福利の

獲得のために組織化の試みを始めた．プルードンは宗教的な考えを否定したわけではなかったが，経済構造を支えるものとして道徳を考えていた．1848年の協同組合や共済組合の推進は非宗教的な動きがその根底にあった．それは連帯主義でもあったが（科学主義と結びついた実証主義の形態をとった），E. デュルケームや L. ブルジョア，ルイ・ブランやカベーの理論であった．

　これら以外にシャルル・ジードがおり，さらに自由主義派としてドイツのH. シュルツェ，さらにイタリアのルザッティなどの「現実派」も含まれる．彼らは，宗教的なものに関係のない独立的な社会自由派であった．

## (2)　政治的な起源

　社会的経済はまた様々な政治的思想や試みから生まれた．
　①自由主義
　フランスの Ch. ドゥノエ（彼は 1830 年に『社会的経済論』を出す），イギリスの S. ミル（労働者のアソシエーションを企業が生み出した富の再分配の最良手段のひとつ見なした），フランスの L. ワルラス（人々のアソシエーションを社会的富の生産手段と見なした），ドイツの H. シュルツェ（庶民銀行の創設者）などがいる．アソシエーションや協同組合をまともな資本主義の道とだけ見なした者にはフランスの P. ルロワ-ボーリューがある．またアソシエーションに「参加」の道を見いだした者もいる（利潤に対する参加は必ずしも従来の企業のあり方を変えるものとは見なされず改良とみなされたのだが）．また社会的平和のためや労働者たちの安定化を図り所得の再配分にある程度の公正さを導入することを主張した者もいる．さらに積極的なものとして，資本主義の横暴を是正し発生させないようにすべきだと自由主義派は主張して社会的経済の誕生に貢献した．資本家の行動や慈善にたよりつつも，相互扶助組織を作ることを主張したものもある．彼らは労働者たちに「自立」を促したのであり，とりわけ消費協同組合やさらに重要なことには信用協同組合の誕生を支援したのである．

②急進主義

レオン・ブルジョアはアソシエーションと共済組合を，連帯を鍵として作られた人間的活動の共和主義的な形態だとみなした．シャルル・ジードの協同組合主義の「ニーム」派という新しいグループと併行して，急進派大臣のビジェは農業分野の関わりで1900年に農業共済保険法を制定して，社会的経済の基礎を作った．後にE.エリオはリヨンで生産協同組合を促進した．急進派は，社会的経済は社会の調整や保護の役割を果たすべきだという共和主義的な考えにもとづく，1つのモデルだとみなしていた．諸個人は自らの能力を評価することを目指して自分たちを組織すべきであり，責任を共同して果たすべきである，とする．富の再分配をいっそう促進することは，共同的な自由の行使であり，それは国家だけの役割ではないということである．

③社会主義

オウエン，サン-シモン，ビュシェなどは思想家であると同時に実践家であった．彼らは協同組合，共済組合，アソシエーション的運動に刺激を与えた（ロッチデール公正開拓者組合，金メッキ宝飾アソシエーション，アルビ労働者ガラス生産組合）．労働者たちは生産労働アソシエーションや協同組合を印刷業，石工，旋盤工，帽子製造の分野で作った（1830-48にかけて）．またそれらの動きに合わせて消費協同組合が誕生し，パン，食肉，衣服などの価格に影響力をもった．

④共産主義

カベーは「フランスの共産主義の代表者」であり，消費者主義の推進者，理論家，実践者である．広く言えばカベーは社会的経済の共同的考えの擁護者でもあった．

## 1.4 19世紀初期の創設者たち

社会が産業化していくにつれて，連帯運動もまた19世紀初めから始まった．それはいろいろな思想が離合集散したものであった．創設者たちの著作は，制度派的なものやイデオロギー的なものもあり，それらが初期の社会的

経済の共同的な実践の基礎をつくる人々にとって役に立った．

①ロバアト・オウエン（1771-1858, イギリス）

オウエンは，「共同体的な協同」（共同利益の村という考え）の基礎を作った．そして短い回路の経済利益に価値をおいた（中間利益の廃止．これは後にヨーロッパとりわけフランスにおける保険共済組合の成功を導いた）．オウエンは，伝統的な企業形態の中で尽力した（グラスゴーのニューラナーク）．次いで，ニューハーモニー共同体をアメリカで設立したが，そこでは経済利潤や生産手段の私的所有を廃して，金銭的には労働証券の発行を行った．この試みは失敗に終った．

②サン-シモン（1760-1825, フランス）

貴族であり社会主義的な発想を持っていた．サン-シモンは，人間の美点は労働にあると見て，アソシエーションを市民の社会化の手段とみなした．自由主義に反対して，サン-シモンは産業主義を推進し，「労働し生産する階級に対して福祉を最大限にもたらすための直接的で独自の目的」をもつものとした．サン-シモンはそれを「社会的幸福」と呼んだ．国家を企業のように運営して，調整と再配分の役割も持たせた．

③シャルル・フーリエ（1772-1837, フランス）

連帯主義の推進者．フーリエは人間は生まれながらに善であるが，文明化によって腐敗するものとした．フーリエの考えは，社会的幸福と人間の自己発展の実現のために再生産の条件が必要であるということであった．フーリエは社会の自立的組織化によるアソシエーション，共済組合，ファランステール（生活共同体の中に生産者が集まり，労働・資本・能力に基づいて財を配分する）の発展を目指した．フーリエは，国家の介入を排除し，国家にも期待しなかった．フーリエの思想は，J.-B. ゴダンによってそのファミリステールにおいて実行に移された．

④P.-J. プルードン（1809-65, フランス）

共済組合の父．プルードンモデルは，結社のメンバーが相互扶助的にサービスを保障しあい，貸し付けし合うことによって，「流通による財」をもっ

て貨幣を廃止することであった．プルードンは社会的経済を「自己決定の経済」と呼んだ．それは二重の価値がある．個人は消費者であり生産者であり，また命令者であり命令を受ける者であり，購入者であり売り手であり，賃金支払者であり賃金受け取り者である．サン-シモンとちがって，非政府的な経済方法を考えた．プルードンは19世紀後半のアソシエーション運動とつながった．

⑤F.ル・プレ（1806-62，フランス）

カトリック思想家．社会的経済についてコミュニティ，財産，経営者を重視したものとして捉えた．彼はまた，相互救済組織と労働者事業体の擁護者でもあった．ル・プレは「生来の主人」すなわち社会的経営者に従うべきだという家父長主義の支持者であり，労働者の社会的要求やニーズを理解する立派な経営者ということを考え，同時に慈善によって非熟練労働者の質を高めることができると考えていた．

⑥ルイ・ブラン（1811-82，フランス）

ルイ・ブランにとって社会の歴史は，3つの原則に支配されている．すなわち1789年に敗北したが権力，個人主義そして連帯である．連帯は経済発展により，産業化によって生まれ資本主義に引き継がれている野蛮な競争をなくすものである．ルイ・ブランは国家が労働者の生産団体に労働を，「社会的労働事業所（アトリエ）」として組織すべきだと考えた．

⑦シャルル・ジード（1847-1932，フランス）

「協同組合共和国」を構想した．その中心に消費協同組合をおいた．ジードは企業的あり方を協同によって乗り越えようとして，社会的経済をその代案とした．ジードは自由主義的でも社会主義的でもない「第三の道」を目指した．それは社会的経済の制度的な認知が決定的な役割を持つというものであった．

以上の思想家たちが社会的経済の先駆者たちである．彼らの多様性は，とりわけ国家の役割についての考えの違いにあったが，幸福の追求，人間の開

花，人間のために経済を支配することという点では共通であった．彼らは現在の社会的経済の土台を示したといえる（内部民主主義，公正価格，労働者であり資本家であるという二重規定）．しかし，その多様な傾向と実践は，社会的経済の規則や機能をどう構築するかということに貢献した．

## 2.「研究と実践」，アソシエーション主義から協同組合と共済組織へ

いろいろな考えがある中で，社会的経済は地域レベルでの多様な実践にその起源を見いだしていく．共通しているのは，人間の尊厳を生産システムと消費システムの中に埋め込んでいこうということである．それをデロッシュは「書かれたユートピア」から「実践されたユートピア」と言っている．多様な運動と経験が次第に現代の社会的経済としてまとまっていった．考えと実践の多様性によって社会的経済は次第に力をつけ持続的になってまとまっていった．「研究と実践」による発展が示すものは，アソシエーションが社会的経済のるつぼであるということである．労働者生産アソシエーションはいま SCOP（労働者協同組合）を生み出した．共済アソシエーションは相互保険会社を生んだ．1901年のアソシエーション法は，長い歴史の成果であり，「アソシエーション以前」の多様な実践の成果であった．このことが少しずつ社会的経済に至るのである．

### 2.1 協同組合の実践
### (1) 農業協同組合の誕生

フランスにおいてもっとも古い協同組合は13世紀にさかのぼる．ジュラ地方やフランシュ・コンテ地方の果樹園であり，酪農生産加工の協同組合であった．デンマークでは，1882年にヘリングで農民たちが，アメリカの穀物輸入によって穀物生産をあきらめかかったときに，酪農協同組合に転換して，今日のデンマークの農業協同組合の大部分を形成することになった．フ

ランスでは農業組合が1880年代に発展して「販売組合」を作り，農業協同組合の先駆けとなった．最初の酪農協同組合は1890年頃に作られた．

## (2) 生産労働者協同組合

最初の生産労働者アソシエーションはサン-シモンやフーリエに影響を受けた．それは賃金労働者は企業に資本参加すべきであるという考えであった．

① J.-B. ゴダン（1817-88，フランス）

フーリエのファランステール計画を見習い，ゴダンは個人向け救済金庫制度を作り，後年，ギーズ（エヌ県）にファミリステールを設立して，共同精神で賃金労働者の福利の確保を目指した（住宅，娯楽や教育の共同サービス，医療共済，年金制度など）．ゴダンの実験が生産協同組合の発端となったといっても，シャルル・ジードによればそれは「労働者共和国」と同じものではない．ファミリステールには「社会主義や民主主義」の視点はなく，労働者同士の上下関係的な形態であり，トップは終身制であった．1880年にゴダンの企業は，生産労働者協同組合に転換することになる．

② P. ビュシェ（1796-1865）

サン-シモンの弟子であるビュシェは，雑誌「アトリエ」の創設に参加し，1850年まで発行した．ビュシェは労働者のアソシエーションに基づいた社会改革を考えた．生産協同組合は譲渡および解約不可能な資本に基づいて「労働者資本」を集めて，働くものの階級が自らを助けるために使う．

アソシエーション主義〔協同主義〕に基づく社会の革新は，1834年に金泊宝石職人たちによるキリスト教的労働者アソシエーションの設立によってもみられる．その定款では「労働のアソシエーションは賃金労働者階級の解放の真の手段である．今日，産業家と労働者階級の間にある敵対を解消することができる」としている．後に労働者会社が作られ（ジャン・ジョレスにより）アルビガラス労働者会社が作られた．それは労働者運動の自主組織の力量を示した．

### (3) 消費協同組合

**①ロッチデール公正開拓者組合（1844，イギリス）**

機織り労働者の主導により作られ，生協の起源とされている（必需品の購買グループによって作られた）．今日では，多機能型協同組合の持続的発展形態モデルとみなされている．社会的生活困難への克服，消費者保護，商人による食品への混ぜもの偽装化などに対抗して公正開拓者組合は，食品協同組合を作って，適正価格で商品を労働者たちに供給した．かれらはさらに共済制度も作り，家族の生活改善，社会的向上のために，組合員のための住宅建設，小売店舗，銀行，保険会社を作った．公正開拓者組合の仕事は，協同の最初のモデルと見なされ，急速に協同組合モデルとして広がった．まず，いろいろな思想家が考えた社会的理想は厳密な規則に基づいて構想されたが，それらの原則はついには社会的経済にまで発展するのである．

**②ニーム派（19世紀末）**

ロッチデールの経験に触発されてシャルル・ジードは消費者主権を主張して，ボイブとともにフランス最初の消費協同組合を支援した．参加的民主主義原則と市場価格に基づく販売を主張した．1885年にフランス消費協同組合連合会が設立された．

### (4) 信用協同組合

**①F. W. ライファイゼン（1818-88，ドイツ）**

1864年にローヌ地方のヘッデンスドルフの町長ライファイゼンが最初の「相互信用協同組合」を設立した．農民を高利貸しから自由にするためであった．ライファイゼンは貸付銀行に対して共済担保を提供して，多くの農民が困窮に陥らないようにした．すなわち，資産のない者に保証を提供し，貸付を受けられるようにした．この成功によって，ライファイゼンはいわば社会的経済の展望とメカニズムに確信を持ち，譲渡不可の積み立て基金（こんにちでは不分割積立金）を構想し，配当金の分配を禁止し，経営管理者機能の無報酬化と地域限定型の重要性を示した（協同組合と地域性の関係）．ラ

イファイゼンの実践は1870年以降アルザス-ロレーヌ地方にも広がり，カトリック保守主義者のL.ドウラント（1859-1916）は1893年に農村労働者金庫をライファイゼンモデルに基づいて設立した．後に相互信用組合になる．

② H.シュルツェ-デリッチュ（1808-95，ドイツ）

「庶民銀行」の創設者．ライファイゼンの信用組合とは違ったシステムである．すなわち，資本に対しては報酬がある．配当金の分配ができる．経営管理職は報酬を受け取る．短期貸付である．シュルツェ-デリッチュは直接の影響をL.ルザッティ（1841-1927）に与えて，イタリアでの庶民銀行の発展に寄与した．この2人がヨーロッパにおける庶民金庫・信用組合の発明者である．

### 2.2 共済組合の発展

現代の共済組合は，1790年代の多様な実践を受け継いでいる．それ以来，職人組合や労働者グループや社会的安全を望む経営者などによって50あまりの相互救済組織が作られた．これらの相互扶助組織は歴史的には国家による支援をうけたり距離を置いたりした．時には抵抗し時には国家に受け入れられた．フランス共済組合連合会（1902）の初代会長であるL.ミラボーの言葉によれば，「これまで相互扶助組織は存在してきたが，共済組合は存在してこなかった」．彼の同僚であるバルベレやチェイソンは，L.ブルジョアの励まされて多様な共済組合運動をまとめて，効果的な共済組合を作り上げた．

### 2.3 現代の社会的経済の発展に影響を与えた諸思想

#### (1) フーリエの社会的経済とC.ジードの社会的経済

フーリエとジードは社会的経済の概念をそれぞれに展開した．フーリエは共同財産を拒否して社会的経済を考えたし，ジードは消費者の優位性の元に社会的経済を考えた．

サン-シモンとゴダンについて，フーリエは，勤労者が企業の資本に参加

第1章　社会的経済のルーツ　　19

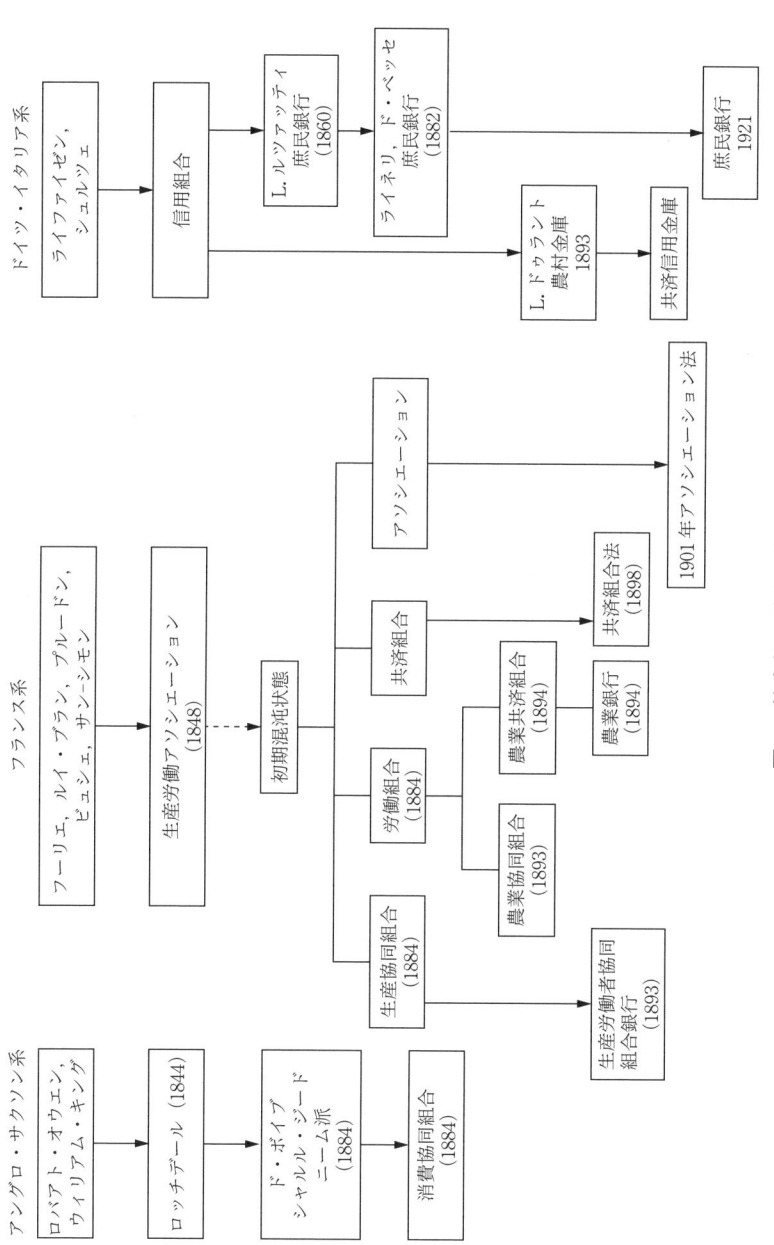

図1　社会的経済の系統図

することの必要性を示したことをほめた．生産労働者アソシエーションは，勤労者の「労働，資本，才能」を通じて社会的経済の発展の成熟した道を進むことができる．ジードはフランスの協同組合思想史の中ではまさに正反対に位置する．ジードは「あらゆる個人は協同人」であり，協同組合共和国の中で消費者主権を主張する．

J.-F. ドラペリは，「19世紀末の協同組合運動では2つの議論があった．ジードが勝利して，協同組合運動の将来を方向付けた」と述べている．しかし，この勝利は一時的なものであった．というのも，大多数は協同的な消費者というあり方から離れていったからである．G. フォーケによれば（『協同組合セクター論』，1935），「経済を協同組合化する」という問題は意味がなくなっており，むしろ協同は，資本主義セクターや公的セクターと同じセクター，経済のひとつのセクターとして現れるのである．広くいえば，生産協同組合と消費協同組合の対立は，細分化されセクター化された発展が共同の社会的経済的制度すなわち社会的経済の下部構造としてしか説明されないことにつながった．

(2) ワルラスの社会的経済とジードの社会的経済

19世紀末までに社会的経済は公共経済の新しい一形態と見なされ，産業革命が引き起こした社会問題と関連するものとしてとらえられた．ワルラスは政治経済学の構造を3つの形として示した．すなわち「純粋」経済（自然法に基づく定義に関連づけた），応用経済（主として生産），社会的経済（分配において）である．シャルル・ジードは，社会的経済を連帯の経済だとほめた．ジードは政治経済と社会的経済が互いに補完しあっていると考え，「社会変換」のためその役割を共同するものとした．レオン・ワルラスは逆に，協同組合は社会変換にはなんの役割を果たさないと考えた．彼らは社会的経済を社会的富の再分配の要素とみていたわけではない．しかし，政治経済の分野に社会的経済は属しており，生産手段の要素（農業生産組織，工業会社，商業会社と同じく）と考えていた．ワルラスにとって，社会的経済は

政治経済とは別に，「純粋」経済の有害な影響を訂正し「社会的富の再配分」に介入することに限定するべきものであった．

＊　＊

19世紀末に，協同組合運動と共済組合運動はまだ始まったばかりだった．アソシエーション運動はそれらの真の起源であるが，1901年に非営利アソシエーション法が早くもできて認知された．それ以後，社会的経済の制度化が始まった．諸組織の共通した原則の形成は諸潮流の合流を促し，公権力による認知を促した．

社会的経済の起源をみれば，最初から定まった原則があったわけではない．議論は次第に固まってゆき，実践によって確固としたものに変わって，原則が作られていった．社会的経済の構造は思想家や先駆者たちの意志によって生まれたものであり，新しい意見や経験が追加され，人間的な活動の新しい組織形態として，「別の企業的企て」の可能性を示した．こうしてフランスでは社会的経済が「再出現」した．1970年に「協同組合・共済組合・アソシエーション連絡委員会」（CNLAMCA）が設置され，また雑誌『社会的経済通信』や『社会的経済国際評論』（RECMA）が発行され，1981年にはM.ロカール首相によって社会的経済が政策として取り上げられ，彼は新設された社会的経済省庁連絡委員会の委員長となった．代表責任者はP.ルーセルであった．

# 第2章
# 社会的経済の家族と親戚

　2000年に社会的経済は100周年記念を雑誌『RECMA』（社会的経済国際評論）で行った．この雑誌自身も30周年を迎えて，その役割はますます重要なものになっている．現在，雑誌は社会的経済における協同組合，共済組合，アソシエーションの共通の原則を写す鏡となっている．さらに社会的経済連絡委員会（CNLAMCA）が設立されたことも，忘れられかかった社会的経済を再び示したことも時宜にかなったものであった．社会的経済の構成要素の再検討によって少しずつ理解が深まっていった．同時に，諸団体や政党もまた社会問題や福祉国家の脆弱さに対応すべき新しいオルターナティブについて探求し始めた．1970年代が社会的経済にとって自主性重視の時代だとすれば，1980年代は制度化が重視された（省庁間代表委員会の設置，1983年社会的経済法の制定など）．1990年代は，第1回ヨーロッパ社会的経済会議が開催され，ヨーロッパに社会的経済が広がっていった時代である．これらの時期を通じて，社会的経済はその原則，経験，内規が形成されていき，次第に社会的経済とはなにかが明らかになっていった．

## 1. 原則と現実

　社会的経済の構成要素は共通の原則を分け合っている．「目的性」ということでは，原則や目的の共通した「内部性」がみられる．

## 1.1 19世紀と20世紀から引き継がれた諸原則

社会的経済の異なるルーツは次第に共通の原則を産みだしてきた．

### ①自主的協同事業

協同組合，共済組合，アソシエーションは労働者，農民，商人，事業主たちさらには市民たちによって設立された．選択の自由，自主的同意，協同を基礎とした．ロッチデール公正開拓者組合は，最初の消費協同組合，労働者協同組合，靴製造協同組合，石工協同組合，パン屋協同組合などの基礎となったものである．これらの一部はビュシェ（協同組合思想家）やカトリックの影響を受けていた．社会的経済の起源は，多様な事業形態を持つ．すなわち，農民の事業組織（協同組合，農業共済組合），公務員の保険共済連合会など．現代では自動車共済，労働組合による事業組織（労働者協同組合）による社会的弱者むけ食事券発行事業）などがある．

### ②民主主義

「共同事業」とは当然ながら平等に基づくものである．社会的経済の事業法人においては，権力とは資本所有と連動していないことである．また，そのメンバーは，どのような利益を受けるにせよ，1人1票原則を守り，株式会社の1株1票は制限される．したがって連合会設立の場合を別として，社会的経済の1人1票原則は社会的経済の企業の設立の基本である．「人々のアソシエーション」または「人々のグループ」という表現が使われる場合もある．

### ③剰余金の公正分配

アソシエーション，協同組合，共済組合は営利目的ではない．したがって，剰余金は事業の継続性と将来の発展のためにだけ使うということができる．したがって，社会的経済の法人格としての性格は，剰余金の使い方で違いがわかる．実際，剰余金を配当せず自己積立金とするという規則は，アソシエーションや共済組合の場合にみられる．協同組合の場合は，資本に対する利益報酬を認めており上限を定めている．アソシエーションや保険共済組合では資本配当は禁止されているが，保険料が高すぎる年には割り戻しがあ

り得る．消費協同組合でも割り戻しがあり得る．「剰余金の公正配分」原則は社会的経済の経営にとって重要である．

④積立金の不分割または分割

アソシエーションでは非営利ではあるが経済活動をするものが次第に増えている．したがってそうしたアソシエーションでは自己資金を必要としている．この自己資金は分配することはできない．活動分野はちがうが共済組合も同様である．協同組合の場合はぜんぜん違って，組合員（勤労者，個人企業家，消費者など）は，組合資本の一部を保有する．しかし協同組合にはアソシエーションや共済組合と似ている点もある．すなわち，不分割積立金を持たなければならないことである．このきまりは国際協同組合同盟（ICA）によって定式化されている．しかしだからといって「集産主義，コレクティビズム」の形態をとるというわけではない．協同組合の組合員は加入について自由決定する．ICAのこの第4原則は，社会的経済の「持続性」に関わることでもあり，売り買いをスピーディに行うことが目的の伝統的企業との違いは，組合員の機能と生活のあり方のリズムを重視することにあるとしている．

⑤連帯

連帯の原則は社会的経済の基本のひとつである．相互連帯基金を持つ昔の同業者組合から今日の労働参入アソシエーションに至るまでみられる．近年ケベック，ベルギー，フランスなどで社会的経済セクターおよびその周辺でのさまざまな運動で，連帯原則は再び注目されつつある．組合員の間での連帯ばかりでなくその対象や新しい種類のメンバーも拡大して，協同組合間協同や新しい連帯の広がりにより，従来の組合員の範囲を超えた連帯の法的枠組みや規則が作られつつある．

⑥個人の発展

この原則は連帯原則に付随する．個人の尊厳と自己実現は家族，社会，市民においても同様である．協同組合，共済組合，アソシエーションも個人の尊厳，責任，満足，発展を目指している．それは教育，居住権，医療，「最

低限を超えた」文化的生活を享受する権利によってである．この原則に加えて，社会的市民的調和，孤立しない個人，不平等でない個人の促進という考えがある．社会に個人を統合していくことは個人が活動者として，生産者や消費者として，また市民としてあることである．この考えには，環境への配慮という考えも付け加わりつつあり，社会的経済と環境保護運動の関連は強まりつつある．

⑦国家や公権力からの独立性

この原則は，中欧や東欧では新たにその重要性が増している．そこではたとえば協同組合のような法人設立の自由が十分でないからである．協同組合は国家からよけい者扱いとされてはいけない．この原則はフランスでは1901年のアソシエーション法によって規定されている．しかし，行政の融通のなさや動きの鈍さを免罪するためにアソシエーションがつくられてはならない．C.ビエンニは，今や国家が協同組合を認知して，公権力よりもより効率的だとし，特別な目的をもって特定な活動分野で活動するものとしての協同組合の独自の役割が認知されてきている，としている．

協同組合，共済組合，アソシエーションはしたがって，「人と目的」に基づいている．共同の有用性すなわち社会的有用性については，諸個人の共同性と自由な協同による平等を基礎とした民主主義に基づく．事業の継続性には自己資金が必要であり，各人はその出資金の公正な対価を受け取る．それは賃金であったり割戻金であったり資本に対する制限配当であったりする．この原則は経済に対する人間の優越性であり，社会的経済の社会的側面である．シャルル・ジードは次のように述べている．「協同組合が悪い企業である場合だってあるかもしれない」．歴史的にみると，協同組合原則はかかわり深いものであり，社会的経済は様々な組織形態の中で効率的に当てはめなければならない．

## 1.2　21世紀における社会的経済原則の現実性

社会的経済はなによりもその成功があだとなるかもしれない．というのも，協同組合や共済組合や大きなアソシエーションは，10万人とか100万人とかを組織し，さらにそれどころか数百万人も集めて，原則をねじ曲げているとか非民主化されつつあると非難されている．社会的経済は19世紀に考案されて，比較的中道的な労働者や消費者の集団，協同体主義者，コミュニティや地区に関わる連帯的な市民によって取り組まれたものである．しかし約2世紀を経た今，その範囲は協同組合銀行，社会保障共済組合，共済保険，新分野のアソシエーションなどにも広がり大きく変化している．それで社会的経済の組織は，その原則や機能をどのように現代的に保持していくのであろうか．常に社会的経済はそれぞれの特殊性を考慮して自らを変革し作り替えてきたし，組織管理のための解決策を模索してきた．

### (1)　地域の近隣性を重視，規模はそれぞれに応じて

民主的な機能を維持再編するために社会的経済企業は，ネットワーク化やピラミッド化をしたりして，地方自治体，県，地方における地域事業体としてまた職能的事業体（とりわけ共済組合）として活動している．分権化の下，県や地方では連合会や社会的経済グループとして組織されている．たとえば地方レベルでは保険共済組合が，「地域圏」としてはフランス保険共済組合連合会（MACIF）が，11の地方の連合会が集まって組織されている．どの場合でも協同組合，共済組合，アソシエーションが相互に共通目的のために集まっている．

### (2)　内部における民主主義

経済的成功は従業員の雇用を大量にもたらすが，専門家や技術者や経営担当者，エリートとして過大に重視されることで，民主主義的な機能が危険に瀕する場合がある．社会的経済企業は現実的な危機に際して，幹部の決定権限を強化するという補完策をとる場合がある．実際その傾向は強い．たとえ

ば，フランス教員自動車保険共済組合連合会（MAIF）は，分野ごとから代表管理者を選出し，勤労者の立場から企業の管理計画を一致して行う（運営委員会は戦略決定を行う）．「専門家主義」の危険があれば，かならず反応が返ってくる．

(3) 俗流化の危険との戦い

常に経済的成功は，競争的な市場に参入することでだんだんに社会的経済企業を自己流の力任せの経営に俗流化する．市場の法則は社会的経済の原則を犠牲にすることを強いる．この危険は避けられない．また社会的経済の指

---

「価値に基づいての取り組み」：共同の取り組み，多様な解答

2002年7月に，ヨーロッパ社会的経済保険共済グループ（EURESA）の会員である相互保険会社7社が，共通価値を文書化した．すなわち「われわれの価値とわれわれの取り組み」．この中で共済原則を基にあらゆる活動をすること（契約，機能，被保険者，組合員と従業員）．EURESAの理事長のR.ベローは述べている．「今日，共同の取り組みを通じて，会員のネットワークを拡大し，相互補完的な取り組みを行い，互いに活動に協力する気持ちを各国内ばかりでなくヨーロッパでも強化すること」．

次のような事例がみられる．

①フランス教員自動車保険共済組合連合会（MAIF）における「共済監督機構」の設立：定款に参加の強化を明記し，会員の言い分を聞くということをもっと改善することである．インターネットによる「共済の強化」は積極的な会員や従業員が自由にアクセスできるものである．

②地域化の促進：1987年以来，ニオー県のMACIFは，11の地方を組織しており，各地方に委員会があり，毎年総会を開催している．この地域化は近隣対応の強化と情報交換を盛んにしている．

従業員基金の設立：経済危機の際に従業員の経済的困難を支援するための基金（デンマークのLBグループ），「多言語コールセンター」を開設したり，移民の社会的統合を支援（スウェーデンのFolksam）した．「若者の社会的排除への戦いのための計画」がベルギーのP&V財団によって，またイタリアの協同組合保険（Unipol）は1994年から「社会的会計報告書」を出している．

導者たちは新しい状況の中で市場からの影響と同時に市場からの解放を考えており，またヨーロッパ化とグローバル化を考えている．たとえば，不分割自己基金という考えについては，国境を越えた資本所有や「第三者」の財政手段の利用という考え（1992年の協同組合法）として共有されつつある．

**(4) 県段階における原則の具体化とサービス**

社会的経済の価値と原則によって協同組合と共済組合の政策と戦略は導かれている．連帯，信頼，効率という価値も一緒にして，たとえばMAIFは責任ある購買政策により会員むけに社会的取り組みを強化し，持続的な発展を目指している．受給者の選択は4つの原則に基づいている．すなわち，共済の価値の尊重，「適正なニーズ」の探求，競争の重視，質・価格・サービスの平等の選択保証．

しかし，社会的経済企業がガバナンスや管理について自らの方法を行うべきだとすれば，同時にその原則と特殊性に見合った財政手段を作り出さなければならない．

## 1.3 原則に基づく発展の財政支援

社会的経済企業は，一般企業と同様に，自己資金調達の必要に迫られている．新しいやり方をすることもあるが，それはたまたま規模が小さいために困難に出会わずにすむためであって，それゆえ基本理念をゆるがすことがないということがある．保険共済組合，協同組合銀行，大規模なアソシエーションなどは設立して長い年月を経ると，中身は本質的に変わらないが，自己資金が蓄積して，年々剰余金が増加する．一方，工業部門，農産品，流通などの社会的経済企業は，自己資金の必要に強く迫られ，迅速に対応しなければならない．とりわけ多くの生産協同組合，農業協同組合がそうであり，最近では協同組合銀行でも同様である．

### (1) その手段と特別法制

1980年代に,社会的経済の法制化がすすみ,いろいろな機関が作られた. 1983年1月3日法「参加証券創設に関する投資促進貯蓄保護に関する法」は協同組合株式会社による参加証券の発行を可能にした(公有化企業も同様). 医療共済組合もさらには共済保険会社,農業共済保険金庫も同様に可能になった. 「いとこ」証券,すなわち協同的証券が1985年7月11日法「アソシエーションに関する法」によって採用された. この証券は,準自己資金をもつ類似した金融機関が発行する投票権なしの一定の固定配当や変動配当を伴った7年以内の証券である. 法律では「投資共同基金(FCP)」と「可変資本投資会社(SICAV)」の中でこの証券に十分な位置づけを与えなかったので,証券の発行と普及は比較的限定的であった. 一方で,その費用が問題であった. 協同組合証券は1987年の法律で創設されたが,1992年の法律では,協同組合銀行以外の協同組合にも拡大された. 特別な優遇面もあったものの十分には利用されなかった.

しかし社会的経済開発研究所(IDES)はある工夫をこらした. 1983年3月10日に創設されたIDESは,社会的経済のための独自の自己資金調達機関となった. IDESは,政府の支援の下,共済組合や協同組合銀行が共同して創設したものである. 政府は,協同組合信用中央金庫によるサービスを協定に基づき認めた. 今日ではさらに大きな社会的経済研究所(ESFIN)ができた. IDESは32.7%の出資をしている. ESFIN出資組織は「倫理」リスク資本会社である. SPOTは生産協同組合連合会(CGSCOP)が設立した金融機関であり,SOFICATRAは協同組合企業・出資企業に融資するヨーロッパ会社というものである. 20年以上にわたって,IDESは,多くの協同組合とその子会社の発展に貢献し,保証基金を作り出し,社会的ツーリズムの事業組織を支援し,賃金労働者投資家を促進し,社会的共益協同組合(SCIC)を立ち上げた. たしかに,参加証券すなわち協同証券にかんする諸法律は社会的経済企業の近代化に有意義であったが,IDESの導入の成功によって,社会的経済にとって特別の可能性をもたらし,金融のグローバル化

に参入できることを明らかにしたのである．

　1992年に，協同組合の新しい可能性を開く法制が作られた．すなわち，SCOP（労働者協同組合）にだけ限定されていた積立金への外部投資の募集が追加されたのである．協同組合は，協同組合資本の最大35％まで，また35％の投票権まで出資者に充てることが定款で可能となった（投票権なしの場合の協同組合では資本の49％まで可能）．この修正は一種革命的なものであり，いくつかの懸念も生じさせた．また，一定の条件で，協同組合は資本価値増加のために資本に対する積立金を合算してよいことになり，より資金を引きつけることになった．

**(2)　実際的な適用**

　新しい法律の利用とは関係ないその他の方法としては，協同組合原則とはあまり合致しないので批判もあるが，金融機関や従来の持株会社を利用したり，共済組合持株会社や母体協同組合と子会社が株式会社の名前でグループ化することがある．このやり方は，共済業界でよく取られるモデルである．たとえば，職人保険共済組合や自由専門職保険共済組合については職人共済組合連合会（MAAF）が方針転換をして，株式会社として有価証券を発行した．これは，協同組合としては親協同組合が子会社を作り多様化するということである．非協同組合化するという危険性は現実にある．とりわけ子会社である株式会社のクライアントの数が，親会社である協同組合や共済組合のクライアントの数を追い抜いた場合がそうである．だからしばしば，本体の活動が減少し，子会社の資本主義的なパートナーシップが複雑化していき，親会社は，その特殊性を保持するゆえに苦戦するということになる．また子会社の従業員が親会社の従業員を上回るということも起きる．スペインのモンドラゴン協同組合グループの場合は世界中に分社化している．またフランスの「シェク・デジュネ」グループも協同組合的な活動を推進し，モンドラゴンと同じような対応をしようとしている．子会社として株式会社を利用する場合，どうしてもそうでなければならないということではない．すな

わち，社会的経済の子会社をつくるための法律がないというところに問題があるのである．一連の社会的経済関連法制が不十分であっても，そうしたグループが登場しつつあることも確かである（第3章を参照のこと）．

協同組合や共済組合の多くのグループは，株式会社を作ったり買収したりして自己基金調達の道具にしている．このやり方には疑問が生じる．それにたいして幹部たちはいろいろと答えている．いくつかの例を以下に示す．

①庶民銀行グループ

この協同組合銀行は「資本主義的な次元」における道具とされている．ナテックス庶民銀行は，協同組合的な性格を変化させているのだろうか．幹部は言う「ナテックスの73.1%は庶民銀行連合会の所有である．ナテックスは地域銀行の99.3%を所有している．すなわち，2.2%は企業投資共同基金（FCPE）が保有し，24.7%は預金者，従業員，その他株主などが所有している．雑誌「ルモンド」の2004年2月号では，「社会的経済的であり同時に資本主義的」なグループだと述べている．また幹部は地域協同組合銀行は「クレディコープ（協同組合銀行）」と「カスデン庶民銀行」の2つはこのグループの管理下にあると述べている．

②農業銀行グループ（クレディ・アグリコル）

「フランス最初の銀行グループ」であり，2,629の地域金庫が44の地方金庫に集まっている「協同組合および総合銀行」である．地方金庫について持株会社（SASLaBoetie，100%保有）を通じて株式会社である農業銀行は統制している．そのために「共済組合的な性格に市場的な性格が開かれて」きているのだと幹部は言う．このSASは，全国機関の役割を果たしている．クレディ・リヨネ（リヨン銀行）を94.8%保有しており，その外国銀行など子会社を統制している．またSASは地方銀行の25%の株式を保有しているのである．したがって，農業銀行は「共済組合的な性格をもった銀行グループ」と見なすことができる．

③グルパマ（Groupama）地域金庫

2004年にグルパマはその組織を改編した．7,300の地域金庫が11の地方

金庫に結集し,「グルパマ持株会社」の所有となった．株式会社として株式は「投資や金融むけ」に使われた．当時グルパマ持株会社は,「グループ機構」として事業活動をしていた．株式会社との結婚によってこのグループは農業共済組合の考えを引き継ごうとした．グルパマ全国連合会はその共済組合的価値を保持しようとした．

社会的経済グループの特殊性は,「伝統的な」競争相手に同じような問題を投げかけた．CIC 産業商業銀行の民営化は, 共済組合銀行(クレディ・ミュチュエル)によって引き起こされたし, GAN 全国保険グループの民営化はグルパマが行ったが, これらは, 協同組合や共済組合の事業性や効率性について注目されるものであった．同時に, これらのアイデンティティが希薄になる危険がさらに増加した．その1つの回答は, グループの内部ではグループの規模が大きくなることが統合の探求であり, 経済追求によって管理の新しい方法を獲得することができるという意思を評価したいということである．GAN や CIC はその本質を変えるものではないのはグルパマや共済銀行はやはり共済組合であるということである．新しい方向としては, 混合型のグループ化である．

## 2. 再認識の道

協同組合や共済組合の原則と現実は, あらたに「社会的経済」という用語の議論に向かわせる．社会的経済は「伝統的」私的経済と比べるとへんてこなものと見なされがちである．法律的な側面では, 社会的経済は4つの法人形態, すなわち協同組合, 共済組合, アソシエーション, 財団によって特徴付けられる．実際, 社会的経済は法律に基づく伝統的な私的経済の特徴付けに立ち戻り, 株式会社, 有限会社などの性格付けの議論とならぶ．分野ごとに見ていくと社会的経済の難しさは EU の社会経済委員会による文章によれば「社会的経済は非常に多様で, あらゆる経済活動分野の中に見られる」と

言われるほどである．国内的にも国際的にも社会的経済はなにはともあれ「地域」的取り組みと規定される．またその多様な現実に対する共通な呼び名をどうするかという長期にわたる議論もある．

## 2.1 現代の社会的経済の多様なあり方

現代の社会的経済の周辺はどうなっているのか，また社会的経済に関わる別の呼び方はなにか，社会的経済は利用できるほど大きくなっているのか，などで賛否両論わき起こっている．さまざまな定義は，なにが社会的経済であるのかないのかを明確にするものとなるであろう．

### (1) サードセクター

サードセクターという用語は1979年にジャック・ドロールによって取り上げられた．当時彼は，パリ-ダフィネ大学の客員教授であった．彼は，伝統的な市場経済や公的セクターと違うセクターを主張していた．それは「経済活動を，職人や協同組合に近い条件で，広い意味で社会的活動をするもの」であった．この新しい生産単位は小規模であり，分権的な領域で再構成されるものであった．これらの生産単位は，共同労働の新しい形態で実験をしようとするグループやニーズを質的量的にかなえようとするグループによって作られる．協同組合の規則に関連してジャック・ドロールは，サードセクターを企業の新しい形態，民主的企業を発明する実験的分野として，公的セクターや営利セクターによっては満足させられないニーズに答えるものであるとしている．

ジェレミー・リフキンは，「経済傾向財団」の理事長であるが，まったく違ったアプローチをしている．彼によれば，米国ではヨーロッパと同様に，市場以外の領域が散在している．彼はそれを「第三の潜勢力」と見ている．たとえば「多様な名前と性格の領域（独立組織，ボランタリー，協同組合，共済組合，連帯組織，アソシエーション組織，分配組織，社会的組織など）であり，社会サービスや医療，教育，研究，芸術，宗教，社会運動などの領

域をカバーする」．アソシエーションセクターを例にとるならば，「営利セクターの収益をサードセクターを通じて最大限に分配し，連帯，近隣性，地域のインフラストラクチャーの絆を強化する」．「物質主義の解毒剤」としてのサードセクターは，営利セクターにたいする調整者であり補塡者であり，また国家の役割にたいする補完者である．J. ドロールに比べると，リフキンは，商業セクターの中に位置づけるという点では部分的であり，全体性に欠ける（彼は社会的経済というフランス的な定義に触れてはいるが）．E. アルシャンボーは 1996 年の本の中で，リフキンと同じような見解を述べている．アソシエーションは剰余がでた場合は常に再投資に回しているという事実や，協同組合や共済組合が同じように組合員や顧客に価格を割り引いたり，掛金を下げたりして，「配分」を行う．また社会的経済の中で分割を導入して，「サードセクター」から協同組合と共済組合を削除する．また，サードセクターの概念を，非営利セクターと結びつける（ジョン・ホプキンス財団による定義に依拠して），アソシエーション/財団を協同組合/共済組合と分離している．したがって，社会的経済とサードセクターを短絡することには用心しなければならない．

　社会事業省に対する報告で，A. リピエッツは，サードセクターとその他のセクターとの関係について，「市場と公的なものとの混合で，その活動の特殊性に存在意義がある」としている．「社会的有用性や環境」すなわち，文化的，地域的，「コミュニティ」的性格にその使命があり「連帯経済」に属しており，「社会的経済の一部」を形成する．その財政もまた混合型であり，民間と公的な資源が結合している．リピエッツは，サードセクターは「社会的連帯的経済という印」によって特徴づけられ，それは，「規則と財政の特別性の組み合わせ」であり，伝統的な企業を含むし，利益追求のときはそうした帳簿付けも行うものだとした．しかし当時の政府はリピエッツの考えに対して結局は賛成しなかった．

　サードセクターを公的と私的の間にある「第三の道」と考え，J. ドロールは，民主主義，革新，社会的を全面におし出した．J. リフキンは，むしろ市

場セクターとの拮抗を重視し，富の移転によるサードセクターの財政を考え，A. リピエッツは，サードセクターは「フォーディズム」から脱出する各個人のニーズの実現の道であり，より自律的で連帯的なものと見なした．したがってサードセクターは豊かで革新的な概念として登場し，「他の2つのセクターの間に位置」するものと見なされた（D. メダの表現による）．さらにいえば，サードセクターは投資会社や公営企業を除いたものに拡大できるともおおざっぱにも考えられ，社会的経済ばかりでなく，企業委員会や年金者組織，地方自治体なども含めることができるとみなされた．

(2) 連帯経済

連帯経済はきわめて多様なので単一の定義には収まらないし，特定の法規則にも収まらない．連帯経済という言葉は経済学者や社会学者によって積極的に定義づけされているが，利用者関与，商業資源との結合，非市場（寄附と補助金），非金銭（ボランタリー）の事業と規定される．連帯経済は，「2つの特徴」がある．すなわち，経済の民主化と近隣コミュニティの公的領域での実施である．「商取引の民主化によって経済被害と社会的関係の無視を軽減することである．連帯経済の活動は「サービス社会への移行と，労働の多様な形態の重視である」．連帯経済はハイブリッドな資源に基づいて「市場経済や非市場経済，非金銭的経済の中において多様」である．「製品の生産による市場的資源，再配分される非市場的資源，ボランタリーに基づく非金銭的資源」がある．もうひとつの側面は，多様な当事者（利用者，労働者，生産者，消費者）との協同である．結局，連帯経済とは「アソシエーション的存在」であり，「連帯概念を中心に経済活動」をすることである．

連帯経済は1990年代にフランスにおいて，なにょりも純粋で困難な社会的経済だと定義された．J.-L. ラビルによれば，連帯経済は「社会的経済を起源とした問題の再導入である．労働と経済の結合形態であり，民主主義的組織に基づく多様な議論をもたらすものである」．社会的経済の構造の歴史的役割は，市民社会の「民主化の酵母」であり，自由の領域の保護であり，

連帯の再生である．そのためには公的セクターと営利セクターが見捨てた領域における社会的グループの活動が必要である．しかし，社会的経済は市場による道具化に伴いそのアイデンティティをいくぶん失いつつある．とりわけ福祉国家との関係にそれが見られる．1990年代末に，2つの概念の関係が注目された．「国家と企業から離れていること」は，カネが社会的経済の金庫にあるということである．A. リピエッツはそれを「理性的結婚」のようなものだといっている．J.-F. ドラペリは，「いつも社会的経済の中での連帯」を強調している．彼の場合，連帯経済は，「公共政策」に還元できるものではない．Ch. フーレルにとっては，連帯経済は「社会的経済の歴史によっていつも特徴づけられる再生の過程」である．フーレルにとって，連帯経済は，「新しい社会的関心事に答える活動であり，その起源となる諸価値の再生」である．連帯経済は「分岐した」社会的経済という流れで見ることができる．

### (3) 社会的企業セクター

社会的企業はフランスやヨーロッパのその他の諸国では，3つの性格を持つ企業と見なされている．すなわち，目的が複数あること，当事者が多様であること（ボランティア，賃金労働者，企業家，自治体など），資源が多様であること（市場資源，互酬，公的支援）である．社会的企業は社会的経済の下部要素である．アソシエーションとも関係する（アソシエーションは公益性追求に重点がある），また協同組合とも関係ある（協同組合は経済活動を行う）．

### (4) 第四の経済

第四の経済とは，社会学者のR. スーによれば，「アソシエーション的〔協同〕経済の大きな部分を占め，サービスの相互的交換，互酬性，教育や情報，社会的関係性や社会化に基づく」．スーは，第四の経済は農業（第1次産業），工業（第2次産業），民間による共同的サービスや公的サービス（第

3次産業) の次に来る「経済の新時代」とは違うとする.「商品化された労働」すなわち「商品化」は，個人の疎外の原因であるが，これに対して「市民が生産を担うコミュニティは，市民が大規模産業を統制することを支援する」ものである．医療や社会的問題，地域での社会サービス，教育の領域で「各人は，互いに受益者となり供給者となるのである」．第四の経済は，かくしてR.スーによれば，サードセクターとは正反対のものである．彼によればサードセクターは「間違った出口」である．その一般化と制度化は，「社会的に受け入れがたい」ものであり，また「経済的に不公正」である．彼が提案するのは「市場は市場にまかす」であり，まず，営利企業セクターが第四経済セクターに対して支援や補助金を提供するべきものである．すなわち社会的費用の提供と「経済的に不活発な活動領域に財政支援」を並行して行うことである．篤志家やボランティアからも提供を受けて，第四セクターは，「新しい富」の生産を行い，失業者の活動もそこには含む．第四セクターは，アソシエーションによっても「経済的社会的有用性」を実行される．それは認定システムによって確認され，財政再配分システムやボランティアを利用し，社会権，賠償という考えに基づいて行う．第四の経済は社会的経済よりもずっと利己的な概念であろう．というのも，それは市場に進出するという意思を持たない．むしろ市場とともに生まれたものである.

(5) 社会的市場経済

ドイツ語の「社会的市場経済 Soziale Marktwirtschaft」は，「市場の社会的経済」ともいえるが，EU憲法案の中にその言葉が入れられて以来，再現実化された (EU憲法案は2005年5月29日フランスの国民投票で否決された). 法案第I.3条「EUの目的」では「EUはヨーロッパの持続的発展を目指す．それは経済的均衡の増大，価格の安定，完全雇用と社会進歩に基づく高度に競争的な市場の社会的経済に基づく」とある．この考えは，F.オッペンハイマーによるが，1960年代に経済大臣のL.エアハルトによって5つの原則にまとめられていた．すなわち，主要な資産は私有財産である．金銭

財政制度は，貨幣と価格の安定に基づく．競争は野蛮でもなく破壊的でもなく，独占や寡占に道を開くものでもない．社会秩序は国家と地域（州）に基づく．最後に，共同管理は社会的対話すなわち企業家と賃金労働者との調停によって保障されなければならない．したがって，問題は政治が市場規則と諸個人間，労働者，市民に対する社会保障の均衡をとることである．西ドイツおよび統一後のドイツでは，この考えはスウェーデンにおける国家，企業，労働組合のあり方を想起させるものとなった．

　これらのいろいろな考えは，社会的経済の考えに接近したり反発したり交差するものであった．いずれにせよ，論者たちは新しいオルターナティブな経済を探求しているのであり，代案的なものであったり（連帯経済の場合），または出発点としては均衡化を目指すものであったり（リフキンのいうサードセクター），純化されたものであったする（第四セクターおよび市場のことは市場にまかせる）．よく見られる考えは，新しい「黄金律」を探すことである．実際，先に挙げた論者たちは，すべて活動・生産の新しい形態，新しい富の源泉をつまるところ追求しているのである．R. スーは「生産，産業，商業のトライアングル」（市場，労働，能力の供給）から，「能力，相互サービス，社会的需要のトライアングル」を主張している．連帯経済を主張する者は，「非貨幣経済―互酬性，商業経済―市場，非商業経済―再配分」を言う．リフキンは，彼の言うサードセクターが，少しずつ「市場セクターと公的セクターという2つの古いセクターに対して力を付けてくる」と主張する．こうした考え形の違いは，したがって，新しいニーズがあるという点では共通している．諸個人が共同して活動して，それが市場の外であれ市場活動と結びつくのであれ，貨幣的であれ非貨幣的であれ．しかし，いろいろな点でこうした考えが相対立するのも確かである．すなわち，形式や資源の混合型を主張する者（リピエッツ，ラビル），また分野の分離すなわち，伝統的生産セクターが新しい「サード」セクター（リフキン）とあるいは「第四の経済」（スー）と共同財政化をすべきであると主張する者もいる．

## 2.2 現代的定義

社会的経済はその概念が曖昧だというイメージに苦しんできた．社会的経済は自らもそう思っていたふしがある．シャルル・ジードが1900年に行った最初の定義では，社会的経済は3つの柱からなる．すなわちアソシエーション，国家（公的サービス），後援（経営者による福利組織）である．しかし社会的経済の現代的定義は，なによりも「法律の規定」に基づくものである（1867年協同組合企業法，1893年農業協同組合法，1900年農業共済組合法，1901年アソシエーション法，1915年労働者協同組合法，1947年通称ラマディエ法である協同組合法，同1992年改正）．社会的経済は各構成要素が異なった法律で扱われているので（協同組合，共済組合，アソシエーション，財団），細分化して発展していった．社会的経済は，ヨーロッパでは統合化に長い時間がかかっているが，フランスでは第2次世界大戦後，各運動が発展していった．定款ではそれぞれの異質性が明記されるようになり，研究上では「区分要素分析」が活発となった．「機能適用論理」により，社会的経済の法的相違が「互いを引き離した」．

社会的経済という言葉は長い間忘れ去られた．フランスでは1970年代に，協同組合，共済組合，アソシエーションの活動家によって，最初の「連絡委員会」（現在のCEGES，協同組合・共済組合・アソシエーション全国連絡委員会となる）が作られ，社会的経済という言葉は少しずつ世間に知られるようになった．1977年に，アンリ・デロッシュが社会的経済連絡委員会CNLAMCA（CEGESの前身）に報告書を提出した．「社会的経済企業についての仮説」とさらに「社会的経済の歴史」であった．J.-L.ジロドーによって雑誌『社会的経済通信』が同じ時期に発刊した．社会的経済企業は，それまで，法律によって経済活動，社会的構成が規定されていたが，デロッシュ論文以降，社会的経済企業が特別の全体的構成を持ち，公権力から共通の性格があると認識されるように連帯すべきだとされた．1981年末になってようやく「社会的経済」という表現がフランス法制の中に登場した．それは当時，地域調整計画大臣だったM.ロカールのおかげであり，社会的経済に

関しては，1981年10月15日に社会的経済代表委員会政令を出して「協同組合・共済組合・アソシエーションの集合」を目指した．この表現は，法律として1983年法として結実した（第3章参照のこと）．ヨーロッパ委員会も同様に，1980年代に第23総局の中に社会的経済分野をいれて，その後ヨーロッパ協同組合・共済組合・アソシエーション委員会を作り，現在は，常設会議（制度化された組織ではない）となっている．

　社会的経済の法人形態は異なることが少しずつ理解されて，全体として結束するために，共通の目的や原則を目指して，公権力からも認知される制度的な分野としてようやく作り上げた．その間，フランス，スウェーデン，ベルギー，イタリア，スペイン，ポルトガルなどでこの考えが再生したが，どこでもというわけではない．ドイツではミュンクナー教授が「社会的経済とは，言われているようなものではない」とか「社会的経済は理解されないものだ」と述べている．ミュンクナーは協同組合，共済組合，アソシエーションの存在をあげて，「長い間互いに無視しあった」し，社会的経済についてはドイツの多くの論者が疑わしく見ていて，「社会的経済」は，せいぜい一致できるのは追加的な組織によって作られた「オルターナティブセクター」のひとつでしかない，と言っている．イギリスでは，関連法律がないのに〔2004年にコミュニティ利益会社法〕，「社会的経済 social economy」という概念が活動家の間で規定されている．この用語は，最近では長い間歴史的には「ボランタリーセクター」，協同組合（農業協同組合をふくむ），共済組合，「ビルディングソサエティ」（共済銀行）として理解されていたものが現代化して再発見されたというふうにいえる．E.マーヨが強調するように，オルターナティブセクターと呼ぶよりも，「新セクター（New Sector）」と呼んだほうがよい．これは倫理的社会的関心にこたえ，ある点では国家の役割の変化に基づくものであるからである．だから，21世紀がはじまった段階で，社会的経済はその歴史に基づく原則によって，またその概念に対する一連の対立にたいして，自らをなんであるかを示さなければならない．

**(1) 社会的経済のさまざまな定義の位相**

ヨーロッパでは「ヨーロッパ協同組合・共済組合・アソシエーション・財団常設会議」（CEP-CMAF）が2002年宣言の中で7つのカテゴリーを示している．すなわち，人間の優先と資本にたいする社会的目的の優先，自由加入，メンバーによる民主的管理，メンバー・利用者のニーズと一般利益（公益）の満足の結合，連帯と責任の原則の擁護と適用，経営の自立と公的権力に対する独立性，剰余金をメンバーのニーズや公益のために利用すること，である．ヨーロッパ委員会では，この第1番目の原則は，資本への配当は不可，となっている．当然ながら社会的経済は「ステークホルダー（当事者）」経済の一部をなす．また「1株1票」ではなくて「1人1票」原則によって一般的に管理されている．原則は柔軟であり更新的である．社会的経済企業は，経済的社会的変化にともない設立される．社会的経済企業の多くはボランタリーな参加に基づいて運営される．しかし，社会的経済は実際に定義されている以上に認知されているのである．

フランスでは社会的経済企業グループ会議（CEGES）が，1995年にCNLAMCAによって採択された社会的経済憲章に基づき，「市場経済の中で生きる企業だが，一般企業とはことなった企業であり，人間に奉仕するためのボランタリーで連帯的な企業であり，利潤に比例してサービスを受けることができ，経済活動を社会的活動と統合する企業」だと明記している．社会的経済憲章によれば，社会的経済は人間の様々なニーズに応えるもので，「より低価格で良質な財やサービスを獲得し，自主的な運営をし，他の人々と協同して企業を民主的に管理し，社会的災害と闘い，社会的投資を健全に行う」．

社会的経済は連帯についても「団体間」で，さらには「専門的連帯」，「社会的連帯」，「地域的，国内的，国際的連帯」に取り組んでいる．自由な集団的なイニシャチブによって，企業は民主主義的規則，1人1票制を採用し，サービスの質を高めるという倫理性，管理の透明性，従業員との公正性を追求する．CEGESは社会的経済を「企業活動の自由を保障するもの」とも理

解し,「持続可能な発展」の要素であり,「投機的活動に対する防護」手段,「経済民主主義,公正連帯活動の発展のパートナー」,「社会的,環境的な付加価値」を導入する手段とみなしている.

## (2) 社会的経済の現在の定義

フランスおよびヨーロッパの社会的経済,さらに大きく世界各地における社会的経済は,原則と目的を共通化できるものとして定義される.

①社会的経済はひとつの運動である

人々の活動のあらゆる分野で,人々が民主主義的な組織形態に取り組めるように支援し,社会的,連帯的視点で経済に持続的に取り組み,さらに市民活動,環境問題,公正貿易などの分野にも今日拡大して取り組みをする.社会的ということがその核心にあり,「社会性」概念はその目的をカバーするものとして広くますます受け入れられつつある.

②社会的経済は人々による事業活動である

社会的経済企業はある計画のために人々があつまり作られる.人々の事業活動は自主的であり,民間セクターに属するものである.多様な資源を集めることができ,篤志家とボランタリーを結びつけ,交換と市場・非市場を結びつけ,貨幣と非貨幣を結びつけ,また自治体との契約や協定と結びつける.

③社会的経済はメンバーとして従業員,利用者をその中に含む

各人は二重の性格(働くと利用する)をもって活動する.人々は平等の立場で共に管理に参加する.この二重性と民主主義は社会的経済のオリジナルな強さである.連帯経済についても同様である.この二重性は社会的経済にとって人々の自己実現の源であり,連帯の名前の下に,社会的統合と人間能力の開花を目指す.

④社会的経済は自由な選択に基づく共同所有のシステムである

自己資金の全部または一部は配当せずに,組織や企業の安定や持続のために使われる.したがって1つの世代から次の世代に引き継がれるという時間

## 社会的経済，オルターナティブ経済，連帯経済

J.-F. ドラペリ（社会的経済研究者）

資本主義経済に批判的な最近の社会的経済的運動を見ると，3つの主要なコンセプトがある．

①もっとも古いものが社会的経済である

社会運動や経済活動が，19世紀初頭に生まれ活発となり21世紀になり発展した．社会的経済が第2次世界大戦以後，多くの社会的経済企業がC.ビエンニやJ.モロウの示すように民営化した．1970年代に始まった社会的経済の事業，規則，原則，価値に対する再検討は，今日，協同組合，アソシエーション，共済組合の新しい形態として登場してきた．社会的会計の実験，協同組合や共済組合における組合員参加の見直し，協同組合の事業と雇用の飛躍，社会的協同組合の法律化などが新しい動きとして見られる．思想としては社会的経済は，メンバーの二重性という非資本主義的企業と同じ原則をもつ．メンバーは（職員であったり，利用者であったり）民主主義的に経営陣を選出する．受益者としても企業からの生産物やサービスを平等に受け取ることができる．

②第2の概念，オルターナティブ経済

1970年代に生まれた多数の事業組織はオルターナティブ経済にかかわるものであった．1968年以降の自治体の多数が，ラジカルなオルターナティブを示して，1979年のB.ヘルブーやD.レジェが示したように，「オルターナティブ経済」のなかに，創造的なユートピアを見いだし，P.オートルカン，A.ポワチエ，P.ソバージュによれば，「自主管理，連帯，自立」に基づいて「もうひとつの道」を主張した．このオルターナティブ経済は，社会的制度や経済制度全体に問題があるとした．すなわち，企業と組織，市場，国家とはなにか，さらに信念，家族，教育とはなにかと．地域的および国際的にも社会経済ネットワークの中で展開されるもので，協同組合やアソシエーションはオルターナティブ経済を構成するものであり，自主的なものであり，企業は「マイクロ共和国」なのである．それは1848年のアソシエーション運動の遙か延長上にある．資源管理，新しい方法の登場，共同の定義，労働組織についての進展として現れるのである．

③第3の概念，連帯経済

連帯経済は，共同的有用性をもったサービス活動を行うものであるが，政府の連帯経済局長だったG.アスコーが言うようにそのやり方は一様ではない．連帯経済は公益に近いものとして現れる．一部は公的な富の再配分を支援するものとして，資本主義経済が産み出す不平等を修繕する．オルターナティブ経

済や社会的経済というもう1つの経済として現れる．社会目的のアソシエーションは，今日では，EMES（社会的企業研究グループ）のJ.ドゥフルニやその仲間によって，社会的企業と呼ばれており，連帯経済の重要な構成要素となっている．社会的企業は，貧困者むけ住宅問題，失業者の労働参入，障害者活動，社会的ネットワークの発展などの問題解決に貢献している．

社会的経済，オルターナティブ経済，連帯経済は，起業的なものとして理論化されており，独自的側面と共通面を持っている．これらは参加という点で似ている．社会的経済組織の二重性（労働し利用する）は，それらの組織の連合化を促進する．資源や権力問題のみならず，労働の側面，提供するサービス，企業の所有と管理の問題を提起するのである．二重性はオルターナティブ企業として独立性の確保，社会的企業として，社会福祉・社会的活動における受益者とサービス提供者という二分法を克服する可能性を与えるのである．

それらの組織は互いの違いを超えて，概念と運動において人間と経済の調和という同一の考えと運動をもたらすのである．

がたてば移転される資金である．この種の財産は，目的に基づいて剰余金を公正に分配する（自己資金の優先分配はない）．企業の持続的発展に加えて，その剰余金の分配は公正価格で（利用者への変換，従業員への公正報酬）．したがって生産者，販売業者，消費者間での公正分配を目指すのである．

⑤社会的経済は一般経済モデルに対する唯一の代案ではなくて，すべての経済モデルに対する代案のひとつなのである

社会的経済は，実のところ資本利益最大化を唯一の目的とする経済システムに，より広義には市場の交換システムに明確に対立する．「補完的」オルターナティブとして社会的経済は自らをひとつのモデルとして考えている．「多元的経済」はオルターナティブのひとつで，各社会的経済団体，EU社会経済委員会，ヨーロッパ委員会が提案しているものである．これは企業についてどのような組織形態の選択や目的の選択をするのかという，社会的経済が貢献する複雑経済の中でのひとつの選択である．

社会的経済の原則はフランス，ヨーロッパの文献の中では，全体の輪郭を示しているが，しかし，どのような形態をとれるのかということでは多様である．フランス，ヨーロッパさらにはアメリカ，カナダ，日本において，社

会的経済は協同組合，共済組合，財団，アソシエーションはもとより慈善団体，またアングロサクソン的にはボランタリーセクターも含まれる．さらにはラテンアメリカではコミュニティ的なものが，インドではアソシエーションや協同組合がたくさんあり勢力をもっている．社会的経済はこのように法律化されていたり，制度化されて力をもっていたりするが，インフォーマルなアソシエーション的形態も多い．

# 第3章
# 法人形式の種類

## 1. フランスの社会的経済組織の4つの形式

　社会的経済の法人の種類は大きく4つある．協同組合，共済組合，アソシエーション，財団である．これらの形態は，その目的によって従業員によるもの（労働者協同組合）や，利用者によるもの（消費協同組合，保険共済，医療共済組合，アソシエーション）や，企業家によるもの（農業協同組合，漁業協同組合，職人協同組合，小売業協同組合）といった形式を取る．したがってこれらの形態は個人が集まったり法人が集まったりするものである．この4つの形態に加えて，異なる種類の個人，法人の活動主体がグループ化する混合型のものもある（たとえば，社会的共益協同組合や社会的経済組織）がいくつか集まる社会的経済連合会もある．社会的経済はしたがって多様な法人形式を持つのである．

　社会的経済法それ自体は存在しないが，社会的経済の法人形式はいろいろな法律や規則によって定義されている（民法，商法，共済法，保険法，農村法など）．もともとの法律（アソシエーション，共済組合法，農業協同組合法）を持っているものもあり，また関連法をもっているものもある．たとえば労働者協同組合や事業者協同組合は商法にも規定されている．1983年の歴史的ないわゆる社会的経済法はこれらをひとまとめにしたものである．

### 1.1 協同組合
**(1) 法制**

協同組合セクターは，歴史的に多様な協同組合法によって成立している．大きく4つに区分できる．

まず1947年9月10日付の法第47-1775号は1992年7月13日付法第92-643号「協同組合近代化法」で改正された．ここでは協同組合の機能と使命と一般的な規定に触れる．第2に，各協同組合については特別法がある．たとえば，消費者協同組合，建設協同組合，住宅協同組合，生産協同組合，事業者協同組合さらには現業労働者協同組合，医師協同組合などがある．第3に，共通の法的な規定がある．というのも協同組合は民事会社または商業会社であるからである．協同という性格を示した法律は協同組合だけが法的形式であるわけではない．また特別法の規定がない場合は，協同組合は法的には固定資本または可変資本の民事会社または商業会社となる．しかし一部の特別法は特定の形態を限定するものもある．1978年7月19日付法第78-763法第3条では労働者協同組合は，可変資本の株式会社または有限会社である．1983年7月20日付法第83-657号では職人協同組合，海運協同組合，運輸協同組合について同じように規定している．より最近の事例では，2001年7月19日付法第2001-624号では「社会的共益協同組合は株式会社または可変資本の有限会社であり，商法に従うものである」としている（1947年商法9月10日付法第19条5項．同2001年7月17日付改正法第36条）．結局，協同組合はもともと商法による法的形態に覆われているのである．ただし農業協同組合は別で，1972年6月27日付法という独自の法律をもっている．その第3条では農業協同組合は，民事会社でもなく商業会社でもなく，可変資本の「人的会社」である．農業協同組合は民法の支配下にもない．つまり1867年の協同組合法第3篇の資本の可変性が適用される株式会社規定に基づくのである．

4つの法人形式の法律的根拠は，そのつながりとりわけ矛盾する規定をどうするかという問題をもたらす．一般法と特別法をどのように調整して単純

第 3 章　法人形式の種類　　　　　　　　　　　　　　　49

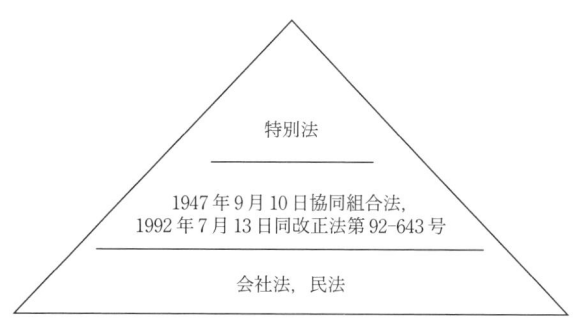

```
         特別法

1947 年 9 月 10 日協同組合法,
1992 年 7 月 13 日同改正法第 92-643 号

      会社法, 民法
```

注：農業共同組合については 1972 年 6 月 27 日農村法第 521-1 条を参照のこと．

図 2　協同組合の法律ピラミッド

化するのか．1947 年 9 月 10 日付法（改正法第 92-643 号）第 2 条では，「協同組合は特別法に基づき各分野ごとに『定款』によって定められる」とある．したがって特別法が定款を規定する．つまり協同組合の独自規定が会社法による定款の規定より優先される．協同組合法の根拠図を図 2 に示す．

### (2)　協同組合の法律的原則

1947 年 9 月 10 日付の協同組合法第 1 条で協同組合の定義がされている．協同組合の目的は，たとえば生産協同組合の組合員の場合がわかりやすい（低い原価，よい質の製品，経済的社会的活動の推進）．ILO によれば，協同組合は「人々の任意のアソシエーションであり，共同の目的の実現のために，民主的な事業体を作り，必要な資本を分担し，リスクと事業の成果について適正な負担と分配を受け入れ，それらのために組合員活動に参加する」．この ILO による定義では，協同組合原則の中では，第 2 原則が協同組合の機能を示しており，それはいわゆる「資本主義的企業」とは異なるものである．

①第 1 原則，二重性の原則

協同組合の組合員は組合員と利用者の二重の性格を同時に持つ．言い換えれば，協同組合の組合員は法人でも個人でもよく，協同組合から提供される

サービスの受給者である．また同時に，組合員は資本形成にも参加し，自ら を顧客，供給者，労働者とする事業にも参加する．この原則が守られない組 織も多い．また伝統的に，剰余金（がある場合）の配分は出資金に比例する のではなくて，労働に応じて行われている．剰余金を配分しない場合は，積 立金に回し個人に還元しない．

②第2原則，民主的管理

1947年協同組合法の第4条では，「協同組合の組合員は平等に運営の権利 を持つ．加入時期によって差別をしてはならない」とある．平等は1人1票 原則に基づく．各組合員は総会で1票を行使する．出資金の多寡は問題とは ならない．

この2つの原則は協同組合の機能の骨子をなす．しかしながら，協同組合 法は例外を認めている．それは新しい投資家を引き入れることの容認であ る．二重性の原則に対する歪曲にも見えるが，定款で認めれば協同組合が賛 助組合員を導入できることになる（第3条）．または非組合員の賛助会員 （第3条以降）．賛助会員は投票権はもたないがサービス享受ができるもの で，出資金全体の35％まで受け入れ可能である．1992年7月13日付法で は，協同組合への資本出資はより容易になった．また同法第11条では，協

表1　協同組合

| | 生産協同組合，<br>労働者協同組合 | 利用者協同組合，<br>消費者協同組合 | 事業者協同組合，<br>職人協同組合 |
|---|---|---|---|
| 目的 | 職業的活動．営利会社と同様の規制を受ける．従業員組合員による運営管理． | 組合員のために購買，製造を行う，または同様の協同組合と連携する．<br>利益を組合員の間で分配するまたは社会的連帯のために使う． | 組合員のために直接間接的に活動を行う．<br>共同の活動を行う． |
| 法律 | 1978年7月19日法78-763．<br>商法（株式会社，有限会社，可変資本規定） | 1917年5月7日付法．<br>1867年7月24日付法．<br>1947年9月10日付法47-1775．<br>会社共通法． | 1983年7月20日付法第83-657．<br>1947年9月10日付法47-1775．<br>会社共通法． |

同組合定款では「特別優遇つきの組合資本の発行」ができるとした．協同組合定款では「協同組合原則を尊重し，組合資本に優遇をつけることができる」とした．これは組合員の平等の原則を変更するものである．1992年7月13日法は同じく「投票権なし出資」を創設して，非組合員の賛助会員がそれを引き受けることができるとしている．この措置は，外部の投資家を呼び込むという柔軟性を協同組合にもたらす．また協同組合は参加証券も発行できる（第2章参照）．

### (3) 協同組合の法的制度

協同組合の種類によって法制度がそれぞれある．それらのいくつかを表にしてある．労働者協同組合，利用者協同組合，事業者協同組合と大別できる．これらがそれぞれまた細分化できる．たとえば，運輸協同組合，河川運輸協同組合，海運協同組合，職人協同組合は事業者協同組合である．法的なあり方は共通した法制度に基づくが相違点もあり，協同組合の種類によって法的制度はそれぞれである．したがって法制度の一本化というものはない．また大きな区分けとしては共通の点がある（表1参照）．3つの区分けは，それぞれのグループの協同組合の起源が同一であることを示す．社会的共通益協同組合は，組合員の種類は複数である（事業者，従業員，利用者，ボラ

の法制度

| 社会的共益協同組合 | 農業協同組合 | 社会的経済連合会 |
| --- | --- | --- |
| 共同的利益のために財やサービスを作り出す．社会的有用性を持つ． | 農民たちの活動を促進するために共同利用の経済活動を行う． | メンバーの共同的利益とその活動を発展させるための管理をする． |
| 2001年7月17日付法2001-624.<br>1947年9月10日付法47-1775.<br>会社共通法． | 農村法第L 521-1条他．<br>1947年9月10日付法47-1775. | 1947年9月10日付法47-1775. |

|  | 生産協同組合, 労働者協同組合 | 利用者協同組合, 消費者協同組合 | 事業者協同組合, 職人協同組合 |
|---|---|---|---|
| 定款 | 株式会社, 可変資本有限会社 (1978年法第3条) | 民事会社(組合員以外に販売する協同組合を除く). 可変資本会社. | 商業会社, 有限会社, 可変資本会社(1983年法第3条) |
| 所有者 | 協同的従業員企業家 | 消費組合員 | 職人組合員 |
| 主要な構成員 | 従業員, 投資家(外部組合員)(1978年法第5条), 投資家は最大35%の投票権. | 消費者組合員. 非出資組合員. | 職人組合員. 法人. 非協同組合企業. |
| 構成員の数 | 有限会社：4-50人. 株式会社：最低7人, 最大無制限 | 民事会社：最低2名. 株式会社：最低7人, 最大無制限 | 有限会社：2-50人. 株式会社：最低7人, 最大無制限(1983年法第7条) |
| 出資金 | 法定金額または現物(1978年法第6条) | 法定金額または現物 | 法定金額または現物(1983年法第11条) |
| 外部資本 | あり. 非組合員(投票権なし)も可 (1947年法第11条以下) | あり. 非組合員(投票権なし)も可 (1947年法第11条以下) | あり. 非組合員(投票権なし)も可 (1947年法第11条以下) |
| 資本額 | 有限会社：3,750ユーロ. 株式会社：18,500ユーロ. | 民事会社：最低資本額規定なし(預金額公表). 株式会社：18,500ユーロ. (預金額112,500ユーロ). | 有限会社：3,750ユーロ. 株式会社：18,500ユーロ. (預金額112,500ユーロ). |
| 組合員の責任 | 出資金額分. | 民事会社：出資金に比例する. 株式会社：出資金額分. | 出資金額分. 責任は出資の3倍まで. |
| 投票権 | 1人1票. 労働者投資家の投票権は35%まで. | 1人1票. | 1人1票. |
| 民主主義. 権力. | 従業員：あり. 利用者：なし. 協力者：条件付き. | 従業員：あり. | 従業員：条件付き. 利用者：あり. 協力者：条件付き. |
| 権力機関 | 従業員は出資金をもつ. 組合員は共同企業家になれる. | — | 平等権利. 資本金額により差別はない. |
| 管理運営 | 有限会社：管理者. 株式会社：取締役会または社長(監査会つき) (1978年法第10条) | 総会使命の代表者(1917年5月7日付法第7条). 民事会社：管理者. 株式会社：組合員から選ばれた取締役会(監査会つき) | 有限会社：管理者(監査会つき. 組合員20人以下の場合). (1983年法第19条) 株式会社：取締役会または社長(監査会つき) |
| 公益性 | あり. | あり. | あり. |

第3章 法人形式の種類

| 社会的共益協同組合 | 農業協同組合 | 社会的経済連合会 |
|---|---|---|
| 商業会社, 有限会社, 可変資本会社(1947年法第19条以下) | 民事会社や商事会社以外の会社. 商事会社と同等の法人. | 協同組合. ただし, 自治体企業, 株式会社, 有限会社は除く. |
| 従業員, 利用者, ボランティア | 協同組合員 | 組織, 個人, 社会的経済法人 |
| マルチステークホルダー:従業員, 受益者, 法人, ボランティア, 自治体, その他(1947法第19条以下). 社会的共益協同組合は3種類の組合員:従業員と受益者は必須. | 農民, 森林業者. | 協同組合, 共済組合(共済組合法), 農業共済組合, 相互保険会社, 認定非営利組織, 個人. メンバーの65%条が上記法人であること(1947法第19条以下) |
| | 最低7人. 農業資材協同組合は最低4人. | 選択した法人に基づく. |
| 法定金額または現物 | 法定金額 | 法定金額または現物 |
| あり. 非組合員(投票権なし)も可(1947年法第11条以下) | 非組合員も可(L 522-3). ただし資本最大保有額限定(L 522) | あり. 非組合員(投票権なし)も可(1947年法第11条以下) |
| 有限会社:1ユーロ. 株式会社:18,500ユーロ. | 制限なし. 預金額225,600ユーロ(L 523-9) | 選択した法人に基づく. (有限会社:3,750ユーロ. 株式会社:18,500ユーロ). |
| 出資金額分. | 出資金の2倍まで(L 526-1). | 選択した法人に基づく. |
| 1人1票. グループごとに分配可能(1947年法第19条) | 1人1票. 機能毎に配分可能. | — |
| 従業員:あり. 利用者:あり. 協力者:あり. | 非組合員と金融機関に最大20%の投票権. | 従業員:なし. 利用者:あり. 協力者:条件付き. |
| — | — | 組織の人数や重要性によって投票権を配分できる. (1947年法第19条以下) |
| 有限会社:管理者. 株式会社:取締役会または社長(監査会つき) | 交替(第524-1条). 理事会(監査会つき) | 法人形式による. |
| あり. | あり(農業事業体または協同 | あり. |

| | 生産協同組合,<br>労働者協同組合 | 利用者協同組合,<br>消費者協同組合 | 事業者協同組合,<br>職人協同組合 |
|---|---|---|---|
| 公的市場との関係 | あり. | ─ | あり. |
| 収益の分配 | 積立金.<br>出資金配当は積立金総額を超えないこと. 従業員には収益の25%を超えないこと. 上限については1978年法第33条. | 積立金.<br>出資金利子にはついては一般会社と同等.<br>社会的連帯事業への投資.<br>払戻金. | 特別積立金に15%.<br>出資金利子.<br>組合員の労働比例払戻金. |
| 積立金 | 15%を法定積立金(1947年法). 一部を開発基金(不分割)に(1978年法第33条) | 15%を法定積立金に. | 義務積立金. |
| 不分割積立金 | あり. | あり. | あり. |
| 資金 | 組合資本.<br>不分割積立金.<br>補助金.<br>組合員出資金(1978年法第36条). | 組合資本.<br>不分割積立金.<br>補助金.<br>組合員出資金(1978年法第36条). | 組合資本.<br>不分割積立金.<br>組合員出資金(1978年法第36条). |
| 出資金(資本)の形態 | 記名式(1978年法第21条)<br>組合員向け証券(1970年法第35条) | 記名式(1947年法第11条) | 記名式(1983年法第11条) |
| 参加証券 | あり(第228-36条) | あり(第228-36条) | あり(第228-36条) |
| 協同組合投資証券 | 特別認可(法1987年第416号) | 同じ. | 同じ. |
| 課税 | 営業税免除.<br>税金控除, 参加積立金の控除, 投資積立金の控除あり. | ─ | 特例:法人税免除. ただし第三者取引の場合はその限りでない(1983年法第25条)<br>営業税免除. |
| 解散時の剰余金 | 清算剰余金は他の協同組合または公益団体へ. (1947年法第19条) | 同じ. | 同じ. |

## 第3章 法人形式の種類

| 社会的共益協同組合 | 農業協同組合 | 社会的経済連合会 |
|---|---|---|
| | 組合). | |
| あり. | あり(第L.551-2条). | — |
| 出資金利子にはついては一般会社と同等. 寄付金分は配当できない. | 1992年以降, 一般会社と同等に配当できる. | 定款に定めある場合, 制限配当. |
| 15%を法定積立金. 最低50%を不分割積立金に(1947年法). | 義務積立金. | 義務積立金. |
| あり. | あり. | あり. |
| 組合資本. 不分割積立金(法定). 地方自治体補助金(1947年法第19条以下). 組合員出資金(1978年法第36条). | — | — |
| — | 記名式. 委譲可. | 記名式. |
| あり(第228-36条). | あり(1966年法第283-6, 7条). | — |
| 同じ. | 同じ. | 同じ. |
| 特例なし. | 特例:法人税免除, 組合員のための事業, 第三者の場合は資金繰りの場合のみ. 営業税の半額. | 積立金ある場合, 一般課税. |
| 剰余金はアソシエーション, 協同組合, 地方自治体に帰属. | L 526-2条:剰余金がある場合(L 523-1). a) 不分割積立金を農業公益団体に配分(行政の認可必要). 農協や農協連合会に配分することも可. b) 組合員への剰余金配分は行政の認可, 定款明記の場合. | |

ンティア).農業協同組合は独特の法制度を持つ.結局,社会的経済の集まりは,協同組合のネットワーク作りであるとも言える.この全体像に協同組合銀行が加わるが,法的制度はきわめて多様であり,協同組合の比較が困難ともいえる.

### 1.2 医療共済組合
#### (1) 法人制度

医療共済組合は共済組合法にもとづく.1985年7月25日法,2001年4月19日政令として大幅に改正され今日に至る.共済の特殊性は会員により設立されたものとして,ヨーロッパ連合の保険法CEE/92/96指令(1992.11.10)には影響されないという考えである.ヨーロッパ裁判所が1999年12月16日にフランスの義務違反の判例を出した.共済組合に関する1992年のEU指令はその後フランスの政令(2001.4.19)と共済組合法改正に影響を与えた.

#### (2) 医療共済組合の定義と目的

共済組合法第L.111-1条は,次のように共済組合を定義している.共済組合は「非営利の民間法人である」.共済組合は組合員の掛け金により,組合員の利益のために活動し,組合員は権利を持つ.共済組合の活動は「保障活動,連帯,扶助」である.共済組合は「文化,道徳,知識,身体,生活の向上」を目的として活動する.共済組合の社会目的は共済組合法第L.111-1条では次が列記されている.
- 事故や疾病に基づく身体損害のための保険活動.すなわち,法的保護と個人扶助,失業手当.
- 出産,育児,家族,老齢,介護,障害などの身体損害の補償.
- 社会的活動すなわち,保健医療,社会文化活動の実施.社会的活動は共済組合が直接実施するもので,保健医療,社会医療,社会活動,文化活動の施設運営を直接実施するものである.

●疾病保険，出産保険の公的制度の管理に参加すること．国家や自治体の費用について社会的統制を行うこと．

　共済組合原則の特徴は，ひとつの共済組合は保険活動とリスク予防活動，あるいは事業管理を同時に行えないことである．医療共済組合の活動は社会的活動，社会保障的活動，連帯的活動であり，組合員とその家族の利益となるものである．この活動は人間中心であり，営利目的ではない．したがって，医療共済組合は保険法に基づく保険共済組合（相互保険会社）とは違うものである．医療共済組合は，社会保障金庫のような強制的保険機関ではなく任意の性格を持つものである．

　共済組合は非営利民間法人である．共済をする人々が集まるのは利潤の実現追求のためではない．非営利ということは営利会社とは本質的に違うということである．そのことは剰余金を作り出せないということではない．剰余金を本来的に追求するものでもないが，剰余金は存在するのである．したがって，剰余金は加入者のために積み立てられたり利用されたりする．とりわけ，社会的活動の実施や管理のために使われる．言い換えれば，剰余金は自らの事業のために再投資される．共済組合の各加入者は，契約的な関係において，共済組合の活動に参加し，総会でその帰属性を示すのである．

### (3) 法的制度
#### ①基本原理

　共済組合は諸個人の意思に基づいて作られ，総会を開く（共済組合法第L. 113-1条）．総会が共済組合の定款を決定し，運営委員会の委員を指名する．定款は組合員の権利義務を明示し，共済組合の機能原則を明示する．

#### ②機能

　共済組合の条件は，定款に基づき自由に決定する参加者の合意に基づく（共済組合法第L. 114-1条）．共済組合に参加することは，たいていは任意である．定款で入会条件を定めることができる．条件は共済組合によって異なる．すなわち，居住地（共済組合は地域的に作られる場合がある）．職能

または年齢（加入可能条件が作れる場合にのみ特定年齢を対象にした共済組合を造ることができる）など．加入者の会合は総会となる．共済組合は連合会を作ることができる（多数の共済組合のグループ化，共済組合法第L. 111-2条）．また総連合会（多くの連合のグループ化を自分たちの利益保護のために）を作ることができる（法，第L. 111-5条）．

③管理

共済組合は掛け金により財政化される．その代わり各組合員は，共済組合から利益をえる権利を獲得する．計算方法は定款によって決められる．いずれにせよ，保健医療的，社会的，文化的な分野の予防的または社会的活動をしている共済組合は，その掛け金を所得や共済組合への加入期間，所在地，組合員の諸権利，年齢などによって決める（共済組合法第L. 112-1条）．共済組合の諸原則は，医師の選択ができなかったり，個人の健康状態によって決められなかったりもする．掛け金はしたがって，固定的であったり可変的であったりする．同時に，給付は掛け金の額や家族の条件によって調整される．

④財政

共済組合法における共済組合は，その目的に沿って財政規則が適用される．共済組合は営業税と会社社会連帯税［C3S］を免除される．共済組合は同様に，一般にすべての保険会社が支払う金融機関税を行政指導で免除される．また，共済組合は会社税の減税と特定の収入に対する非課税を受けることができる（株式配当，キャピタルゲイン）．この規則は，フランス共済組合全国連合会（FNMF）によれば，共済組合がシステム的な選別をせずに，すなわち伝統的な保険者にくらべてより広いリスクをカバーしているという事実により正当化されている．

### 1.3 共済保険（相互保険会社）

(1) 法的根拠

医療共済組合と異なり保険法に基づく．

## (2) 基本原則

今日ユニークな法人形式を取っている．すなわち，相互保険会社である．保険法の第L.322-26-4条では，相互保険会社の3つの形態を列記している．すなわち，相互保険会社，トンチン方式（積立変動型）会社，農業共済組合保険再保険金庫である．この最後のものは農村法第1235条で規定される．これは農村市場の衰退によって，非農業的なリスクもカバーする農業共済組合となりつつある．

相互保険会社は保険法第L.322-26-1条により規定されている（1989年12月31日付法第89-1014号）．相互保険会社は，民事会社である．それは非商業的目的（非営利目的）をもち，その社員たちのリスクを保障する．すなわち会社資本なしに機能する．

相互保険会社の事業の多くは，財産の保険（火事，自動車，市民的責任など）であるが，生命相互保険もある．相互保険会社は，共済組合が行うことができる社会事業や社会サービスの事業化はできないし，また社会的活動も伴わない．しかし共済保険（相互保険会社）は，共済組合法による共済組合の原則と同じ原則を持つ．相互保険会社は非営利的性格を持つ．しかし剰余金を被保険者の間で分配できる．これは共済組合法に基づく共済組合はできないものである．

原則として，共済組合法により規制されない団体は「共済組合」，「共済」，「共済組織」の呼称の使用が禁止されている（共済組合法第L.112-2条）．したがって，保険法による組織の名前や社名に「共済（相互）」と「保険」と結びつけるのは例外的な規定といえる．相互保険会社と共済型の組織とは違うものである．

## (3) 法的制度

①創設

医療共済組合と同様に共済組合は個人の任意によって構成され，総会で意思決定される．総会で定款を作成し理事会メンバーを選任する．

②機能

1989年12月31日付法第89-1214号は,相互保険会社(保険共済組合)の機能を規定している.相互保険会社は総会で指名された5名以上の運営委員会により運営される.しかしながら,定款では運営責任者および監査委員会による運営を定めることができる.すべての会員は,運営委員会に直接または間接的に経営参加することができる.この点に関して,1989年12月31日付法第89-1214号は,相互保険会社の機能の民主化を行った.すなわち,すべての組合員が掛け金を支払ったその日から運営委員会に選ばれる資格を持つ(保険法第L.322-26-2条).よりたくさん支払った会員に特権的に付与されていた「被選挙権」は廃止された.運営委員会メンバー指名については,法律では1人以上を従業員から選出するように定めている.

③運営管理

相互保険会社(保険共済組合)は,会員の掛け金を取り扱う.また出資金や借受金などの基金も運用する.結局,保険共済組合はその事業のために借り入れを行うことができる.事業剰余金は,定款に基づき,積立金と準備金に充当した後,会員の間で分配することができる.

④会計

すべての保険会社は,株式会社または相互保険会社の形式で作られるが,同一の会計基準に従う.会社税を支払いまた営業税を支払う.また同様に金融機関に対する課税は保険会社には適用されているが,医療共済組合は免除されている.

### 1.4 アソシエーション

#### (1) 法的根拠

法的な原則は,1901年のアソシエーション法の規定と1901年8月16日の運用規則に基づく.これがフランスのアソシエーションの権利の基本的な法律である.しかし,この2つの国内法律以外に,世界人権宣言がアソシエーションの権利としてある.結社の自由という基本的権利は,憲法による保

護と同様である．それは立法によって規則づけられているものである．ヨーロッパレベルでは，ヨーロッパ人権協定（CEDH 第 11 条）とヨーロッパ連合基本憲章（第 II-72 条）によって，基本権としてアソシエーションの自由が定められている．

しかし，これらの法律文書以外にも，アソシエーションの権利のいくつかの重要な特別の権利について集める必要がある．一般税法でも第 206-1 条から第 261 条まででアソシエーションについて会社税と付加価値税の控除規定をしている．商法も経済活動をするアソシエーションの規定をしている．すなわち第 612-1 条以降である．地域自治体一般法でもアソシエーションにたいする自治体による補助金について規定している（第 L. 1611-4 条など）．

(2) 基本的原則

1901 年 7 月 1 日付アソシエーション法第 1 条によれば，アソシエーションとは「1 人または多数の人間が，利益分配以外の目的において，その共同の認識や活動により，恒常的に行う協約である．アソシエーションの有効性は契約と義務に基づく権利の一般原則に基づく」この定義は，なによりも次の 2 つの基本的法的原則を想起させる．

第 1 は，諸原則全体が「結社の自由」の原則の偏向をもたらす可能性である．つまり，法律的には，アソシエーションは 1 つの契約である．すなわち「アソシエーションの契約」であるが，これは，その関連する目的や目標が，結社の自由の名の下に，また人々の自由選択の名の下に行われる．しかしながら，この自由は，二重の制約を受ける．すなわち，アソシエーションの目的は，「利益の配分以外の目的」で行わなければならない．定義によれば，アソシエーションは非営利である．そうでない場合，アソシエーションは，裁判所により，事実上の会社と再認されることができる．さらに，アソシエーションの目的や目標は，法律に違反したり，良俗に反したり，国内の統合を乱したり，政府の共和的な枠組みを毀損してはならない．この場合，アソシエーション契約（1901 年法第 3 条以降，民法第 1108 条）は無効とな

る．

　結社（アソシエーション）の自由は，おなじく，定款の作成の自由であり，創設者やメンバーの主体性に任せることである．かくして，アソシエーションの設立は，認可手続きの下に置くというものではない．そうではなくて，単なる宣言手続きでよいのである．県や郡に定款を提出することは，アソシエーション契約の必要条項ではない．したがって，未届けアソシエーションというものが存在する．その設立は，いかなる書式にしたがうものではない．すなわち，そうしたアソシエーションは法人格を持たない．逆に，定款の提出と官報による公示は法人アソシエーションに関わるものである．しかし，国務院の政令による公益性を認知されたアソシエーションについては，より完全な市民的権限を付与される．ともかく結社の自由の名の下においては，法によって組織の管理に対する特別な形式を常に強制するというものではない．ただし総会，運営委員会，事務局などの規則の設置は当然のことである．

　第2に，非営利の場合の規則のあり方である．すでに述べたように，アソシエーションはメンバーに配当金を提供することはできない．利益が，活動によって仮に生じた場合には，アソシエーションの非利潤目的の実現のために使用されなければならない．アソシエーションの活動の非利潤的性格とは，アソシエーションの目的そのものであり，同じく各メンバーの関与すべきものでもある．参加は，様々な形態を取る．すなわち一時的な流動資産，寄付，「知的な」参加などである．

　アソシエーションのあり方の多様性以外に，3つの条件を満たさなければならない．すなわち，まず恒常性．次にアソシエーションの幹部活動にはいかなる報酬も与えられないことである．ボランタリーであることはアソシエーションの基本的原則である．したがって3つ目はボランタリー原則である．すなわち，アソシエーションの活動は，物質的にも精神的にも従属的なものであってはならない．アソシエーションのメンバーはボランタリーに基づくもので，従業員とはちがう．

## (3) 法的制度
### ①組織原則

　アソシエーションの設立はアソシエーションの目的に基づきボランティア「活動家」による．最低2名が必要で，法律は最大数の制限をしていない．加入者は個人でも法人でもよい．アソシエーションの設立には資本出資は全く必要ない．アソシエーションは資本を持たない．すでに述べたように，アソシエーションの設立は，特別な形式を要請されない（1901年法第2条）．しかしながら，当然であるが定款には名前，目的，加入方法，会費形式，退会手続き，資産の種類などを記載しなければならない．定款は，したがって，アソシエーションの綱領となる．

　アソシエーションが法人格，すなわち法的能力を獲得できるためには，県などの認可が必要である（アソシエーション法第5条）．アソシエーションの目的の明記，本部，名前，分野，所在地，幹部の国籍などを定款に記載しなくてはならない．この届出によって一般の寄付や公益組織としての寄付を受けることができるようになる．届出アソシエーションは，メンバーの会費を管理でき，有償労働が認められ，運営場所を確保でき，メンバーの会合を開き，アソシエーションの目的を実行に必要な不動産を持つことができる．

　未届けアソシエーションと届出アソシエーションとは別に，「公益アソシエーション」が存在する（アソシエーション法第10条）．宣言アソシエーションは，国務院政令によって，公益性の認知を得ることができる．その期間は認定期間をふくめ最低3年である（4）公益性の認知によってアソシエーションは寄付と遺贈を受けることができる（民法第910条，1966年6月13日法令）．

### ②機能

　アソシエーションは4つの活動者によって組織される．すなわち，参加主体となる加入者，それからボランティア，職員，幹部である．1901年アソシエーション法は，運営機構についてはなんら特定していない．組織のモデルは多数決によって決められる．総会は，加入者全体が参加し，運営委員会

を選出し，それが事務局を選出し，代表と会計担当が事務局を構成する．

・加入者――アソシエーションは自由に，メンバーの加入条件を定めることができる．定款では異なった加入者の種類を定めることができる．創設会員，名誉会員（以前の幹部で現在は活動に参加していない者），賛助会員（サービスや会費で貢献する者），総会で投票権を持つ活動会員である．創設会員については定款でその権利，とりわけ総会への投票権について定めることができる．しかしながら，会員間での平等原則は守らなければならない．定款のほかに内規を定めることができ，会費，罰則，総会の機能，事務所の開設時間などを定めることができる．メンバーの集まりによって総会を招集できる．

・ボランティア――一般的に，ボランティアは，アソシエーションの会員で，ボランタリーに無償で労働を提供する．ボランティアは，また自分の目的のために活動するので利益をもとめない．したがって，ボランティアは職員とは二重の意味で立場がちがう．ボランティアは従属的位置にいないし，報酬を受け取らないが，ボランティア活動の必要費用を受け取ることは排除しない．しかし，「ボランティア」が受け取る金額は，実際の費用以上であってはならない．ボランティアの法的な位置づけがないのでむずかしい点がある．したがってボランタリーとはなにかをもっと明らかにすべきである．ただボランタリーは定款では職員とは区分されてそれなりに有利に扱われている．ボランティアは一定期間終日労働を行う．ボランティアの立場は，生活費と社会保障費分を受け取る．NGOなどがこの種のボランティア規則を利用しており，国際活動でよく利用されている（ヨーロッパボランティアサービス，国際連帯ボランティア）．議会で2005年5月12日採用された決議「アソシエーションのボランティア/教育活動ボランティア法案」を参照のこと．

・幹部――幹部は定款に基づいて選ばれる．定款では人数，役割，期間などを定める．原則として，幹部の選択は自由であり，アソシエーションの幹部は特定の活動に責任を持つ．したがって，アソシエーションの活動の機能は

幹部の質に依拠しており，国家からの中立原則とは矛盾しない．アソシエーションの委託に応えて，幹部は民法第1984条以下を適用しなければならない．民法第1992条では，幹部は管理の間違いによる損害についてアソシエーションに対して責任を負わなければならない．第三者に対しては，幹部はアソシエーションの負債の責任を負わない．ただし，アソシエーションの解散や幹部による保証金焦げ付きについては責任を負う．大規模なアソシエーションにおいては，職員の取り扱いについて問題が生じる可能性がある．運営委員会には職員を含めることができるが，職員代表としての責任を定めなければならず，人数は4分の1以下でなければならない．職員代表は幹部代表を占めることはできないので，事務局メンバーにもなることはできない．

・職員——2003年5月19日付法442号「アソシエーション雇用券」と2005年8月2日付法第882号「従業員雇用推進法」が出された．労働法新第L.128-1条では「アソシエーション雇用券は，3人以上雇用する非営利アソシエーションが利用でき，職員に報酬を出し，職員の社会保障関係や農業労働者の場合の強制的社会保障制度，失業保険，補完的年金のための各種税申告書類を簡素化できる」としている．

③管理

定義上，アソシエーションは非営利である．その資源は，その目的遂行のために使わなければならない（資材の購入，地域性，職員への賃金支払いなど）．アソシエーションはその社会的目的のためにだけ収益を出す．アソシエーションの資源は，アソシエーションの種類によって多様である．すべてのアソシエーションは会費，動産，物的寄付，労働寄付を受け取ることができる．アソシエーションは公益性を主張できる．その場合，法律（1991年8月7日付法1991-772号）に従う．公益性を認められたアソシエーションのみが，金銭的寄付と遺贈を受けることができる（1901年アソシエーション法第11条）．不動産寄付（届出アソシエーションしか受けられない）は，アソシエーションの目的遂行に必要なものに厳密化されている（1901年法第6条，第11条）．法人格をもったアソシエーションのみが，届出アソシエーシ

ョンということで，公共団体（国家，地方自治体，EU機関）と財団からの補助金を受け取ることができる．補助金の受け取りは条件付きである．公共団体は，公共体に地直接利益をもたらすアソシエーションの計画について補助金を出す．補助金の提供は，その地方自治体のニーズと発展にあったものに対してである．結局，アソシエーションの資源は，場合によってはその活動自体からもたらされる．アソシエーションの資源の多様性は，アソシエーションの特別会計規則（1991年2月16日付規則）による会計規則委員会の規則が適用される．

④財政

アソシエーションの財政制度は，最近のアソシエーションの法人格の改正により，その経済活動に対して整備された（1998年改革）．1998年9月15日の政府指針が2000年1月日に施行された．この改革は2つの原則に関わっている．第1は，納税の一本化についてである．これは3つの課税について共通している．すなわち会社税，付加価値税，営業税である．言い換えればアソシエーションならば，この3つの課税控除がされるか，対象となるかである．課税対象となるかを決めるのは，アソシエーションの税制についての第2の原則をみる必要がある．すなわち非営利原則がいくつかの難しい問題を引き起こす．とりわけ経済活動をしているアソシエーションに関してそうである．1998年の政府指示でその規則化が行われた．

原則として，もしアソシエーションが営利活動を公共性のために平等原則に基づき行うならば，また指示競争に関わらないならば，各種商業税は課されない．政令でアソシエーションの課税に多くの基準を導入した．まず，「企業との特権的な関係を持つ」アソシエーション（政府指示第2章）は，商業税が課税される．たとえば，情報，調査研究活動をある企業のために活動しているアソシエーションである．このアソシエーションの本来の目的は，メンバーのために経済活動を行い各種便宜を図ることにある．利潤をあげているかどうかで課税の有無が裁判所で決まる．利益活動をしていない場合は商業税は非課税である．非利潤性は税法第261-7-1条で規定されてい

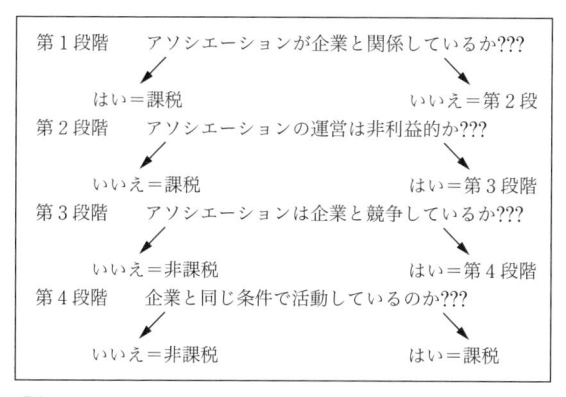

```
第1段階    アソシエーションが企業と関係しているか？？？
         ↓                              ↓
    はい＝課税                    いいえ＝第2段階
第2段階    アソシエーションの運営は非利益的か？？？
         ↓                              ↓
    いいえ＝課税                    はい＝第3段階
第3段階    アソシエーションは企業と競争しているか？？？
         ↓                              ↓
    いいえ＝非課税                  はい＝第4段階
第4段階    企業と同じ条件で活動しているのか？？？
         ↓                              ↓
    いいえ＝非課税                   はい＝課税
```

**図3 アソシエーションの性格に基づく課税評価基準**

る．すなわち，

- 生み出された利潤に直接間接に利害関係のない人物によって，ボランティアとして管理運営されている組織．
- 利潤の直接的または間接的分配をいかなる形でも行わない組織．
- 出資金権利という名目で，いかなる資産の帰属権をメンバーが持っていないこと．

これらの内容については図3で示す．

　この基準をみれば，アソシエーションの運営は決して非利益性にもとづくものではないことがわかる．3番目は商業税の課税の対象にもなる．逆に，アソシエーションの運営が非利益である場合に対しては，独自の財政制度作りのために，政府による特別の税制適用の基準を導入せよといわれる．この組織は企業と競合するのかどうか．この競争は妥当とみとめられるのか．結局，問題は世間がこの組織を営利とみなすか非営利とみなすかによる．この点は，組織の地域的状況にもかかわる．もし競争条件が整備されていなければ，アソシエーションは商業税の対象にはならない．逆の場合，第3の基準の適用が検討される．そうしたアソシエーションの条件は，組織が企業と類似の活動をしているかどうかによる．政府は「4P」規則を適用する．これは各組織は4つの指標に当てはめられる．「4P」とはすなわち，アソシエー

ションの生産物（Product），公共性（Public），実勢価格（Prix），公開（Publicité）である．最初の2つの指標は，行政組織文書による社会的有用性の判断が重要である．アソシエーションの活動が一般企業と同じようなものを作り出していると判断された場合，アソシエーションは商業税の対象になる．その理由については異論がある場合は，課税免除の特別措置の可否が検討される．たとえば，閉鎖系のアソシエーションすなわちメンバーだけにしかサービスを提供しないアソシエーション（スポーツ・文化などのアソシエーション）は，付加価値税，会社税が免除される．しかし営業税の義務は残っている．商業税の免除を受けたアソシエーションでも，その売上高が付随的な場合，すなわち6万ユーロを超えない場合である．

結局，政府通達がアソシエーションの税制について影響をもつであろう．実際，税制はアソシエーションの活動のタイプと組織の形態によって分類されている（職員の有無など）．アソシエーションをどう作るかがこうした規制によって決まる．

**(4) アソシエーションの解散**

解散にはいろいろな形がある．行政による解散（1901年アソシエーション法第3条），裁判所による解散（1901年法第7条），総会による任意の解散．1901年法第9条は，アソシエーションのメンバーに対する資産の分配を認めず非営利組織に帰属させるとしている．

### 1.5　財団
**(1) 法的根拠**

1987年7月23日法第87-571号によって初めて財団の定義がなされ財団法が作られた．それまでアソシエーションが財団とみなされることもあり，寄付者にとっては混乱のもとであった．1987年に，文化支援活動に対する法制化に関心が起きた．財団という呼称は公的有用性を認知された組織に対してつけられることになった．しかし，1987年財団法は，批判を引き起こ

した．それは企業のメセナ支援事業の特殊性が考慮されていないというものであった．1990年7月4日付法第90-559号では，一方では企業の財団設立を認め，他方では財団の規則を修正した．結局2003年8月1日付法第2003-709号「メセナ法」では，アソシエーションと財団は，公的有用性を認知された財団の税制度の改正と，寄付者税制の改正をして，その特殊性または企業のようなものとして認められた．この法的措置にくわえて，国務院によって財団の公的有用性に関していくつかの規則が出された．

### (2) 財団の法的原則

財団は，個人または法人が複数集まったもので，資産，権利，資源の運用を決定し，公益事業および非営利事業を行う（1987年7月23日法第18条）としている．財団は，法制定以前の既成の法人であってもよいしまた新たに法人を設立してもよい．

公益概念は変化している．それは集団に帰すことのできる有用性の考えに基づく．公益性はフィランソロピー，芸術，公的医療の領域に関わる．いずれの場合も財団の創設者の関心にもとづく．非営利とは，剰余金を創設者たちに配分しないことである．また寄付収入は，財団の目的実現のために使わなければならない．同じく，解散の時には，資産は「類似した団体」に配分しなければならない．財団は利益を引き出すような営利活動をしてもよい場合がある．しかしながら，その活動は公益実現のために必要な場合か，財団の目的に付随したものでなければならない．

今日，財団は2つの区分が共存している．
- 公的有用性が認知されている財団：非営利法人で複数の人々の財による活動によって一般的利益（公益）の仕事を行う．
- 企業財団：一般的利益（公益）実現のためのもので，非営利法人で民事会社または商業会社，産業商業の公営事業体，協同組合，共済組合によってしか設立できない（1987年7月23日法第87-571号第19条）．

一部の財団は特別に重視されるものがある．「研究財団」は公的有用性が

認知されているが，国務院は新しい定款をそのために作っている．公的有用性が認知されている財団とアソシエーションは，一般的利益（公益）と非営利の事業の実現を認められた唯ふたつの法人である．その違いといえば，アソシエーションは人々の集まりであり，財団は資産の配分を行うことである．

(3) 法的制度

【公的有用性を認知された財団】

①定款

財団は1人または複数の人間によって設立されるが，定款目的に基づき法人も含むことができる．財団は，定款によって，資産，権利，資源をその目的遂行のために使わなければならない．その資産は，不動産，動産（たとえば，芸術財団ならコレクション収集），作者の権利，不動産の権利も同様の扱いとなる．最低必要事項はない．寄付は，官報に公示して最大10年の期間で分割して行うことができる（1987年法第18条，2003年8月1日法第2003-709修正）．この改正は，財団の設立を容易にした．しかし持続的に公益を遂行するためには，国務院としては寄付は安定した定期的な収入でなければならないとしている．

お金の配分は遺贈などの寄付があってのものである．1987年以来，財団は遺言執行者となれる．より正確にいうと，法律では「遺贈は財団のために使うことができるが，相続問題がない場合である」（第8条）．財団創設者は定款作成をする（国務院モデルに基づく）．財の配分，目的の実行，理事の選任，権利義務手続きなどを規定する．法人の獲得による法的権利の取得は公的有用性の認知に基づく．それは国務院への報告の後に政令により認知される．公的有用性の認知は財団の定款に基づき異なる条件がある．寄付の程度，財団の独立度（創設者からどのくらい独立しているか），定款の内容（国務院モデルが推奨）．公的有用性の政令認知は，国務院の報告の後に財団に与えられない場合がある．似たような組織に資産がわたる場合には認知が

取り消される．

　②機能

　財団の機能は理事会が責任をもつ．理事会規則は定款で決め，政府の認可を受ける．国務院はその規則の詳細について認証する．さらに公的有用性と会員に対する公平性についての確認報告に対して認定を行う．定款は理事の任期について定める．理事会の中で事務局を選任する．理事会の任務分担，事務局，理事長の役割は定款で定める．

　③管理

　法人として財団は定款にある社会的目的に専心しなければならない．財団はさまざまな資源を活用できる．まず設立時の寄付金がある．寄付金は配当できない．財団は投入した資金を活用できる．財団はまた公益性の名の下に公的補助金を受け取ることができる．最後に財団は税制特例により贈与を享受できる（以下参照）．この贈与は，行政の認定によってのみ受け取れる．ただし，労働奉仕については別である．剰余金ができた場合は，財団の事業に再投資しなければならない．財団の公的有用性に関わる税規則はいくつかある．すなわち，

- 「財団への寄付の控除」：メセナ事業に対する原則と同じく，個人寄付は所得税の最大60％の控除がある（2003年8月1日付法2003-709号）．寄付者の所得の20％までは寄付ができる．企業は収益の60％，事業高の5％までを寄付することができる．
- 「資産収入」：2004年12月1日付法2004-1481によって，公的有用性が認定された財団はその受け継ぎ資産に基づく収入を税控除できる．
- 「経済活動による所得」：原則として，企業財団の非営利性は市民活動や商業活動や収益活動を禁止するものではない．収益の配分のみが禁止される．しかし財団は商業税を課せられる（一般会社税，TVA）．商業活動が付け足しである場合は，財団は免税を享受できる．また，アソシエーションと同じ除外を享受できる．逆に，財団は非営利目的の活動の分会社税を低減することができる．

④公的有用性の財団の喪失

公的有用性のある財団の存続は無制限である．解体には2つの原因がある．すなわち，公的有用性の認定取り消しと，政府により承認された自主的解散である．

【企業財団】

公的有用性が認知されている財団よりもより柔軟に，企業財団の制度は企業とメセナの中間が適用される．

①あり方

企業財団の一定の柔軟性とあり方は，創立当初の寄付の義務がないことである（2003年8月1日修正，1987法第18-1条）．しかしながら，財団は定款に定めた複数年度にわたる計画のための資金を準備しなければならない．この計画は私文書として整備されなければならない．公的有用性が認知されるのとちがって，企業財団は県の認可を受け，法人格を受ける．

②機能

企業財団は理事会が管理する．理事会の機能は県の認可を得た定款に記す．企業財団の理事会に学識経験者がいれば公的有用性を追求できる．逆に，企業財団は公的権力の代表を含まないという点が公的財団と違う点である．

③管理

企業財団の資源は法律で列挙されている（2003年8月1日改正，法第1987年法第19-8条）．創設者の寄付，国家からの補助金，自治体からの補助金，創設時寄付などである．逆に，企業財団は寄付や遺贈は受け取れない．規則では，企業財団の税制度は次の通りである．

- 「払い込みの控除」：企業財団へのメセナの名目での払い込みは，出した企業の事業高の5％まで控除できる．この控除は財団の非営利性に基づく．
- 「財産所得」：企業財団は非営利基準を満たす場合に，税法第206-5条か

ら219条に基づく会社税が適用される．逆に，財産所得について税金について15,000ユーロの控除は受けられない．公的有用性が認められた財団は受けられる．
- 「企業財団の収入と活動」：企業財団が営利活動をすると，商業税とくに会社税の対象になる（付帯的活動として控除を受けられる）．

④企業財団の継続と解散

　企業財団の特殊性とは一定期間の存続ということである．企業財団の設立目的は一般企業の目的と同じであり，さらに多様であるが期間は短い．当初の期間は5年以上である．定められた期間の間，寄付者は企業財団の少なくとも3年以上の延長を決めることができる．企業財団は期限が来れば解散する．延長したい場合は設立者総会で決めるが，そうでなければ自動的に解散する．

＊　＊

　定款による区分は必要であり，法律や規則による細分化に従う．会社法，農村法，共済組合法，保険法の内容に従う．これらは内容的に共通のものがある．すなわち，民主的機能，加入者・組合員・協同組合員の二重規定（利用者であり意思決定者であること），協同組合の場合など自己基金に枠がはめられていること，法人形態では株式会社，有限会社などをとるが資本会社ではなく「人間の法人」であることなど．1983年法では，会社法に社会的経済という言葉が導入され，協同組合，共済組合（医療共済組合，保険共済組合），アソシエーションを対象とした．それまでの社会的経済のこうした法人形態の違いが，統合化されたといってよい．以後この理解から，アソシエーションから労働者協同組合に転換するということも起きている．

表2 社会的経済の法人形態，民

| | 民事会社/商業会社 | 協同組合 | 保険共済組合<br>（相互保険会社） |
|---|---|---|---|
| 目的 | ー | 組合員による組合員のための購買価格の引き下げ，原価をあげないための企業家，中間業者の役割． | 組合員のリスクの保障． |
| 定款 | ー | 民事会社，商業会社． | 民事会社（合名会社），特例． |
| 法律 | 民法およびまたは商法 | 協同組合法，商法，民法 | 保険法（1989年12月31日付法第89-1214号 |
| 構成者 | 古典的企業家 | 協同組合員 | 料金支払い加入者 |
| 出資 | 現金，現物，産業施設（民事会社） | 現金または現物 | 会費 |
| 責任 | 民事会社：出資金に比例して無限．<br>商業会社：出資額．精算時増える可能性あり． | 民事会社か商事会社かで異なる． | 会費額を加入者に保障．経営陣には民事，刑事責任． |
| 投票権 | 株式保有率． | 1人1票 | 1人1票 |
| 運営 | 民事会社：管理者．<br>商業会社：定款に基づく． | 定款に基づく． | 理事会．<br>総会で指名． |
| 統治 | | | |
| 剰余金処理 | 株式保有に基づき分配． | 積立金．会社と同じく出資金に基づき限定利子払い．社会連帯に投資．払戻金． | 積立金や準備金の後に加入者に分配． |
| 資源 | ー | 資本（出資金）．<br>不分割積立金．<br>補助金． | 保険料．安定基金．加入料．社会的基金．借入金． |
| 解散 | ー | 剰余金は他の協同組合または公益団体に（1947年法第19条）． | 剰余金は他の保険共済組合または公益団体に． |

第3章　法人形式の種類

事会社，商業会社の形態比較

| 医療共済組合 | アソシエーション | 財団 |
|---|---|---|
| 共済活動，組合員の文化，道徳，知的身体的発展，生活向上のための連帯と相互扶助． | 利益分配を目的としない，継続的な，共同活動のための人々の協約． | 公益実現のための資産の割り当て． |
| 共済組合（非営利法人） | アソシエーション法 | 非営利組織 |
| 1985年7月25日共済組合法．EEC指令92/49．2001年4月19日政令350号 | 1901年アソシエーション法 | 1987年7月23日付第87-571法．1990年7月4日付法第90-559号．1991年9月30日付政令91-1005b号．2003年8月1日付法2003-709号「メセナ，アソシエーション，ファンデーション法」 |
| 料金支払い加入者 | メンバー | 個人または企業 |
| 会費 | なし | 労働奉仕，遺産，寄付． |
| 経営陣に民事責任． | 制限．管理責任はある場合は別（1993年11月30日付判決）． | 理事長責任． |
| 1人1票 | ― | ― |
| 理事会．総会で指名． | ― | 理事会． |
| 生活支援，資産蓄積．加入者にたいするその他の専門的金融的支援． | 社会目的． | 社会目的． |
| 掛け金．寄付，遺贈． | 施設提供，動産・不動産提供．寄付，遺贈（現金制限）．補助金．事業成果． | 期首基金．現物寄付．遺贈．投資． |
| 剰余金は他の共済組合，連帯基金団体，共済事業団体に． | 定款または総会の決定により資産処理． | 従業員関連外資産と期首基金は公益団体に． |

## 2. 問題点と比較

### 2.1 法律の発展と将来的ネットワーク

　社会的経済の法律形態は，固定したものではない．似たような法律は他の国にもある．イギリスの「チャリティ組織」や「ビルディング・ソサエティ（共済組合）」，スペインの「労働会社」，イタリアの社会的協同組合や最近作られたフランスの社会的共益協同組合などもある．

### (1) 社会的共益協同組合と雇用活動協同組合

　現実の問題に役立つ協同組合の探求はずっと継続して，法律的な観点からも取り組まれてきたが，社会的共益協同組合（SCIC）は2001年7月17日に法制化された．これは地域自治体との新しいパートナーシップをもって，生活上，経済上の問題に取り組むものである．社会的共益協同組合は協同組合が組合員以外に対しても福利を提供できることを定款で定めており，彼らにも総会で投票権を与えることができる．これは社会的共益協同組合が地域開発の手段として，実験的に認められていることからである．また雇用活動協同組合も同じようにこの分野の革新の手段となっている．

　1995年に設立された雇用活動協同組合（CAE）は，個人の能力と集団的なダイナミズムの結合をそもそもめざしたものである．雇用活動協同組合は，特別な定款を持つものではなく，既存の法律に基づいて作られたものである．そのあり方は独自の企業構造を持たねばならないということではなく，実体は労働者協同組合である．常勤契約の従業員である賃金労働者企業家は事業実績に比例して報酬を受け取り，また社会保障料を引かれ，出資を行う．関係者や幹部候補などのためにも活動を拡大できる．もし活動が存続できるならば，賃金労働者企業家はその協同組合を離れて，独立した企業を設立する．それは個人企業でも良いし共同企業でもよいが，協同組合でしていた活動の延長にあり，賃金労働者協同組合人ともいうべきものになるので

第3章　法人形式の種類　　　　　　　　　　　　　　77

## 法的な多様性と複雑性

T. ギロワ（弁護士）

　社会的経済セクターは，人間の能力を経済的ニーズと社会的必要性に適用するということから生まれた．

　当初はたんに実践的であったが，法的な領域の整備にも注意が向いた．経済的なものと社会的なものとの関係をまず重視し，ひきつづき規範作りの段階に移った．社会的経済のグループ的な実践は独自の規則を作り出し，さらに統合的な規則づくりに進んだ．法律は実践に基づいて，経済的社会的な関係を規定して，それにしばしば宗教的，哲学的，政治的な解釈も加わったが，一連の社会的経済の規則となり，グループに安定性をもたらした．法律は社会的経済に関する限りまさに後追い的なものである．法律は国家とその下部機関の役割を重視して，規則や行政権を行使して社会的経済の統合化に道を開いている．

　社会的経済のすべての組織が同じ根っこを持っている．相互扶助，共済，「自分たちの間で」組織すること，人的な会社であることなど．その起源はエジプトの石職人たちによって作られた救援基金に見られる．ギリシャの外国人団体やローマの葬儀アソシエーションもそうである．中世には，信徒職人団，ギルド，同業組合などさまざまなグループが登場して相互扶助や協業を行い，同じ方法で生きていくための規則を尊重した．

　ル・シャプリエ法（団体禁止）以後，団体は19世紀に入って，3つの枝分かれをして今日の姿を取るようになった．すなわち，共済組合，協同組合，アソシエーションの各セクターである．共済組合は，個人を保証する共済組合すなわち主として医療分野と相互保険会社とに分かれた．協同組合セクターは著しく枝分かれした．協同組合基本法は1947年9月10日付法だが，これは消費者協同組合（1917年5月7日付法），建設協同組合，安価住宅協同組合（建設住宅法），農業協同組合（農村法），漁業協同組合，職人協同組合，運輸協同組合，小売業者協同組合，自営業者協同組合，信用協同組合などを接ぎ木したものである．これらの異なる規定にさらに2つ新しく加えたのが，「社会的経済連合」すなわち3つのセクターの共同体であるが，さらに社会的共益協同組合（SCIC）がある．また「アソシエーション」セクターは，届出アソシエーション，公益認定アソシエーション，慈善アソシエーション，公益認定財団，企業財団，「保護」財団，信徒財団，特別組織などに分かれる．さらにスポーツ団体，定款強化アソシエーション，特定活動認可アソシエーション，安価住宅株式会社（協同組合に類似）などがある．

　したがってその全体像は多様で複雑である．経済的にも社会的にも多様で営

利企業との競争も見られる．研究者はしばしば単純化して，3つのセクターを営利探求以外の目的を持つというひとつの理念的な規定で統合化したがるが，われわれはそのようには考えていないのである．われわれの社会は，経済的社会的な新しい問題に対して法律や適当な規則などを作ることがよくある．したがって想像力を実現できるアクターにとっては道具は存在するのである．

　逆に，そこには2つの分野があり，立法者はまず社会的経済の立法化にむけて努力する．社会的経済グループは，アソシエーション，共済組合，協同組合の3つの構成要素であるが，センター作りでまとまることで，調整的センターでなければできない決定をよりうまく行うことができる．社会的経済グループはまた実践的なやり方で機能している．とりわけ，社会的経済における「グループトップ」の機能は，総会によって決定がなされて新しい取り組みに反映される．したがって，柔軟性をもって社会的経済企業間の架け橋となり，メンバーの役に立つ仲介者あるいは調停者となることができる．

　社会的共益協同組合は，2001年7月17日付法によって制定され，これによりアソシエーションが社会的共益協同組合に転換することが可能になった．しかし，この柔軟策だけでは十分ではなく，共済組合とのアソシエーションの相互関係，協同組合と共済組合と相互関係などの新たな方策を考える必要がある．

　そうした実践のダイナミズムが見られるが，むしろ規則は対象を限定的なものにする方向にあり，「全方位」的に標準化する方向には向かっていない．現在のところ，助け合いという印象にとどまっている．

ある．

### (2)　現在の法律の問題点

　社会的経済グループの法律に関して将来的な法律的に共通するよう橋渡しを目指し全国的な努力がなされている．フランスでは，保険共済企業団体（GEMA）がとりわけ努力して，オーストリアやドイツのそれらも含めて，共済組合がグループ化できるようにまた共済の持株会社を作れるような規則化を求めた．現在，協同組合の価値や原則を重視した上での協同組合がグループ化する法律はまだ存在していない．なぜ現在フランスの協同組合の代表たちが社会的経済の協同組合グループに似た定款採用に好意的なのかはそうした理由による．市場の展開に直面して，協同組合の一部は既存の諸法律を

第 3 章　法人形式の種類

使って子会社として株式会社を設立している．協同組合は親会社となるのである．ところがこのシステムは資本を持つ企業のためのものであり，株主になによりも応えるものであり（シェアホルダー），もともとのパートナーの相互共同を発展させるためのものではない（ステークホルダー）．グループ化することで協同組合は，なによりも組合員間でのボランタリーを基礎とした平等な関係で契約的な統合をする調整を進めることができる．社会的経済グループのための定款を採用すれば，フランスの協同組合はヨーロッパ市場に参入可能であり，グローバルな競争においても協同組合としての特性を保

---

### 共済保険〔相互保険会社〕連合会

　保険法第 L.322-1-3 は相互保険会社の規定と共済組合法第 L.1114-1 条に基づいて，共済保険連合会（SGAM）は，2001 年 8 月 29 日付政令第 766 号によって設立された．これにより保険市場の転換が行われた．保険セクターの調整，競争の増加，銀行保険の登場．この法律によって共済組合は，自分たちの本来の性格を失うことなくグループ化が認められた．

　SGAM は別の法的形態によっても区別される．同連合会 SGAM は直接的にその会員（保険会社）のリスクを補償するだけでなく，資本利益を得るということではない連帯金融の関係を生み出した（持株会社）．社会的経済におけるパートナーたちの同意による自由な経済相互依存のネットワークを作ることは，資本主義会社の設立をしなくても協同を可能にしている．

　資本を持たない，SGAM には，共済組合または協同組合という 2 つの企業形態が入っており，その形態の 1 つは相互保険会社（保険共済組合）である．加入については，SGAM の特別総会で承認され，会員同士の協同によって相互関係と義務や任務が決められる．SGAM は会員の統制権をもち，制裁し，会員会社の経営陣の解任の決定権を持つ．これらの権限は SGAM の定款と会員会社の定款に明記されていることが必要である．

　しかしながら，以下の点の制約がある．
・SGAM は共済組合の間の合併の道具ではない．
・その定款はフランス国内のみ有効である．したがって，EU の規則とは関連性はないし，ヨーロッパレベルでのグループ化を促進するものではない．
・SGAM は，保険会社ではない．EU が単一市場化のために作ろうとして保険法の枠とは別のものである．

持できる.

## 2.2 ヨーロッパの社会的経済法の明確化の動き

協同組合,共済組合,アソシエーションは全ヨーロッパでの相互接近と共同を次第に強めつつある.ところが,ヨーロッパ委員会が強調しているように,「特定活動する自由が多くの加盟国で認められるが,共済組合や協同組合は,EU 法によって設立の自由があるが,各国の国内法制の多様性は,ヨーロッパレベルでの発展の脚を引っ張る法的・行政的障碍となっている」.採用すべき法律がない場合,自分たちの要求には完全には対応していない法律を利用するしかない.たとえば GEIE ヨーロッパ(経済利益会社)または,資本会社としての子会社を作ることである.

したがって社会的経済の3つの構成要素に適用される EU 法は,資本が国境を越えて EU レベルでの活動を容易にするのになによりも重要なものであり,異なる加盟国の間で社会的経済企業が協力統合するための法的道具が欠けているとことを補って,協力を可能にするものである.

EU 法はまた同時に共済組合連合会や協同組合連合会を社会的経済の柱として作ることも可能にさせるものである.1992 年に,EU 委員会は,社会的経済3つの法案を提示した.すなわち EU 協同組合法(SCE),EU アソシエーション法(AE),EU 共済組合法(ME)である.これらの法案は,加盟国間の「妥協できない多様性」によってしばらく凍結されてきたが,2000年 12 月のニースの EU サミットで検討が再開されて,2003 年 7 月に EU 協同組合法が採択された.共済組合とアソシエーション,財団については今日,採択準備中である.

ヨーロッパ共済組合法は,1996 年の EU 議会での作業文書として出された.「ゼロから」の共済組合の設立を認めるものとして提案されたが,国境を越えてリスクを共済化することを推進するものであった.「たとえば,各国の地方や自治体当局は,自然災害などの共通な被害に晒されているが,ヨーロッパ共済組合を作ることができれば,こうしたリスクに対してうまく連

## EU 協同組合法

　2003年7月にEU議会はEU協同組法と協同組合における労働者参加政令（情報，決定機関への諮問や参加）を採択した．これらは，2006年8月に発効した．新しい協同組合定款は，国内協同組合法にとって代わるものではない．

　EU協同組合は，互いの自立性を確保しつつ，共同的な活動ができる企業である．すべての協同組合と同様に，協同組合の目的は組合員のニーズの実現と組合員の社会的経済的活動の推進であり，資本投資への利子ではない．EU協同組合のあり方や運営については，フランスの協同組合と類似した原則を採用している（第80条以降）．EU協同組合は法人として組合員による資本（最低3万ユーロ）で記名資本である．第2条は4つのあり方を明記している．

　①創設の場合．とりわけ協同組合法が存在しない国において．
　②2つ以上の国で2つの協同組合が連合会を設立する場合．
　③2つの国の2つの協同組合が合併する場合．
　④既存の協同組合がヨーロッパ協同組合に転換する場合．

　このうち③と④は，EU協同組合において国内法に関わる国内協同組合の転換に関するものである．協同組合の合併や転換については，EU協同組合の設立により当初の法人の資格は消失する．

合することができる．ヨーロッパ中を駆け回る運送業者も同じような課題を抱えている」．2005年末に，ヨーロッパ協同組合保険共済組合協会は，こうした計画に対してEU委員会が横やりを入れたことに対して抗議した．

　EUアソシエーション法は，ヨーロッパ地域の統一的なものを目指したもので，その発展に有効なものである．実際，アソシエーションはヨーロッパ以外の国では法人として認められていない場合が多い．1986年EU会議で新たに認識され始めたのにもかかわらず，ヨーロッパにまたがって活動しようとしている多くのアソシエーションは，それぞれの国で異なった法人格を作らなければならないという縛りがあったので，法的には一種の限界があった．EUアソシエーション法が必要だという議論の1つは，アソシエーション活動の「市民性」についての認識が強まったことである．これは「ヨーロッパレベルでのフランスの1901年アソシエーション法」のような法律を作

ろうということである．

　ヨーロッパ財団センターは2005年に，ヨーロッパ委員会が主導してヨーロッパ財団法を制定することを提案した．2003年5月にヨーロッパ委員会はすでに，「EU財団法が作れるかどうかの調査を始めること」の決定はしている．

＊　＊

　社会的経済は長い間自らをなんであるか主張しているが，異なった法律やあり方があるものの，共済組合，協同組合，アソシエーションは異なる企業の集まりとしてはだんだん見られなくなり，国境を越えての社会的経済の構成物としての相違は次第になくなりつつある．1983年にフランスで社会的経済の連合会の定款が作られた．今日，保険共済や医療共済のグループ化が進んでいる．それは21世紀の社会的経済にとって大きな転回点である．社会的経済は新しいニーズや利用者の期待（対人サービス）に応えるためにボーダレス化している．そのことは銀行や保険会社の法律改定やヨーロッパ市場やグローバル化への対応に見られる．共済組合，アソシエーション，協同組合同士の接近は次第にその数を増している．法人形態の同一化とその反対に組織としての多様性，複雑さと違い，人々の物質的精神的ニーズに応えるのが課題となっている．こうしたネットワークがフランスおよびヨーロッパの社会的経済の認知にとっても重要である．

# 第4章
# 社会的経済が作り出す財とサービス

　フランスの社会的経済の全体像は，拡がっているのでつかみがたいところがある．協同組合，共済組合，アソシエーションがほとんどの分野を占めているが，その形は同一ではない．したがってひとくくりに捉えるのではなく活動分野別に見るのがよい．

## 1. 全体の概観

　統計で用心しなければならないのはその出所が多様であるということである．社会的経済については統計局（INSEE）によるそのサブ項目はない．表3は，1983年以降のもので，第1次資料にもとづいて，各分野の整合性をめざした数字である．

①全体

　2003年の社会的経済は，INSEEによれば，国内総生産の11.7%を占める．社会的経済企業グループ会議（CEGES）によれば，社会的経済企業の資産は協同組合銀行を除けば1500億ユーロ超である．

②参加者
- アソシエーションには15歳以上の者が2,160万人．これはフランスの人口の45%であり，生活条件研究センター（CREDOC）によれば1998年には40%弱であった．
- 社会保障共済組合・医療共済組合・職能別共済組合・農業共済組合は4,400万人をカバーしている．

表3 2003年のフランスの社会的経済

| | 区 分 | 組合員数 | 組織数 | 従業員,ボランティア | 経営陣 | 事業高(10億ユーロ) |
|---|---|---|---|---|---|---|
| 協同組合 | 農業協同組合 | 1,000,000 人 | 3,500 協同組合,子会社 1,500,CUMA 13,300 | 150,000 人(子会社含まず) | 54,000 人(子会社含まず) | 77(子会社含む) |
| | 職人協同組合 | 80,000 人 | 800(協同組合307,グループ 493) | 協同組合 183,000 人,グループ 4,700 人 | — | 1.1 |
| | 商人協同組合 | 21,000 人 | 24,600 | 182,000 人 | 650 人 | 49.3 |
| | 消費者協同組合 | 1,300,000 人 | 30 | 14,000 人 | — | 3.4 |
| | VPC(CAMIF)通販協同組合 | 1,500,000 人 | 4 | 2,110 人 | — | 0.7 |
| | 教育協同組合(学校) | 4,428,269 人(生徒) | 48,559.101 連合会 | — | — | — |
| | 住宅協同組合(HLM) | 60,000 人 | 160 42,000 戸.4,104 共同住宅.15,167 アパート. | 950 人 | — | 0.08 |
| | 共同住宅協同組合 | 85,000 住宅 | 1,205 住宅組合. | 8,000 人 ボランティア | — | 0.3 |
| | 漁民協同組合 | 16,800 人 | 165 | 2,568 人 | — | 1.2 |
| | 労働者協同組合 | 20,579 人 | 1,577 | 35,229 人 | 4,227 | 2.6 |
| | 運輸協同組合 | 2,300 人 | 48 車両；15,000 台 | 12,500 人 | 9 | 0.7 |
| 金融協同組合 | 庶民銀行 | 2,400,000 人 | 2,605 店舗 | 43,200 人 | — | 237.2 |
| | 貯蓄金庫 | 3,011,633 人 | 4,700 店舗 | 44,700 人 | — | 380.7 |
| | 農業信用金庫 | 5,700,000 人 | 7,260 店舗 | 136,00 人 | 35,000 人 | 875.2 |
| | 協同組合銀行 | 29,200 人 | 98 店舗 | 1,570 人 | — | 6.74 |
| | 共済信用組合 | 6,100,000 人 | 3,120 店舗 | 31,870 人 | — | 355.0 |
| 協同組合合計 | | 1,724,833 人 | 17,243 事業所 | 257,340 人 | — | 1,855 |
| 共済組合 | 保険共済組合系(相互保険会社)GEMA | 17,700,000 人 | 4,400 店舗 | 27,700 人 | — | 生命 4.4 対物 8 |
| | グルパマ Groupama | 5,00,000 人 | 7,300 店舗 | 29,400 人 | — | 12.74 |
| | 農業共済組合系 MSA | 4,100,000 人 | 130 店舗 | 19,000 人(医師 500 人) | 2,030 人 | 24.7 |
| | 医療共済組合系 FNMF | 3,800 万人 | 2,500 | 55,000 人 | 100,000 | 16.3 |
| アソシエーション | | 2,160 万人 | 100 万 | 160 万人.ボランティア 1,200 万人 | — | 48(PIB の 3.7%) |
| 財 団 | | — | 2,109 | 47,000 人.ボランティア 28,000 人 | — | 3.1 |

- 協同組合銀行は 1,730 万人の組合員がいる．協同組合企業では 400 万人の組合員がいる．
- 保険共済組合には 2,270 万人の組合員がいる（農業共済組合を含む）．

③賃金労働者

社会的経済には 180 万人の賃金労働者がいる．1984 年には 124 万人であった．そのうち 160 万人がアソシエーションでの雇用である．

④組織数
- 21,000 の協同組合，大規模銀行グループが 4
- 医療共済組合と保険共済組合が 3,000
- 稼働しているアソシエーションが約 100 万，2,110 の財団

## 1.1 フランス経済における社会的経済の比重

フランスでは，協同組合の全国組織によれば，21,000 の協同組合企業があり，それに 4 つの銀行グループを足す必要がある（農業信用グループ，庶民銀行，共済信用金庫，貯蓄金庫）．医療共済と保険共済の数は 3,000 以上あり，財団は 2,110 以上（フランス財団による）あり，稼働アソシエーションは 100 万を超える．

フィランソロピー研究センター（CERPHI）によれば，70,000 以上のアソシエーションが 2003 年 9 月から 2004 年 8 月までに設立された（アソシエーションの活動と学期のリズムは一致している）．すなわち，毎日 180 のアソシエーションが設立されている．「アソシエーション活動指標」としてはフランス人 10 人に 7 人が過去 10 年の間にアソシエーションの設立に関わっていたといえる．

フランスの都市部の労働人口の 15 歳以上の 27,287,000 人について，社会的経済は 180 万人雇用している．1984 年は 124 万人であった．社会的経済における雇用は，5 年間で 45% 増加している．しかしパートタイマーが多い点を考慮しなければならない．社会的経済の分野ごとの雇用は次の通りである．

- 協同組合企業では約 700,000 人（GNC 調べ）
- 保険共済では 57,000 人，医療共済組合では 76,000 人（筆者推定）
- アソシエーションの職員は 160 万人以上（CERPHI 調べ），財団は 341 財団で 47,000 人（2001 年）．

アソシエーションにおける雇用は 1990 年から 1999 年にかけて 58％ 増加した．17 万のアソシエーション（稼働アソシエーションの 17％）が労働人口の 8％ を雇用している．フランスの人口における比率は高い．

また，社会的経済組織におけるメンバー数，従業員数にくわえて，多かれ少なかれボランティア数も加えなければならない．アソシエーションのうち 80％ はもっぱらボランティアに頼っている．INSEE によれば，15 歳以上の 1,200 万人（常勤の 100 万人分）がアソシエーションのボランティア活動に参加している（2002 年）（多様な関わり方だが，継続的関与が多い）．財団にも 28,000 人のボランティアが参加している（常勤の 1,300 人分）．

さらに，協同組合・共済組合・アソシエーション・財団という中核に加えて，たとえば経済活動による労働参入組織（IAE）もある．これは労働市場にアクセスが困難な人々が社会的に協同してアクセス能力を付けるための経済的活動を行う目的を持つ組織である．2003 年には，約 2,100 の組織が存在する．分野は 965 が労働参入企業，235 が臨時労働参入企業，980 が中間支援アソシエーションである．また地区企業委員会と 1,900 の学童保育がある．2003 年には経済活動による労働参入セクター全体で 28 万人が労働参入した．中小企業設立ネットワーク（とくに「経営ブテック」ネットワークやフランスイニシャチブネットワーク，地域活動プラットフォーム，「フランス・アクティブ」アソシエーションなど）やオルターナティブ経済（Cigales, Epicea など）がある．

表 4 が示すように社会的経済は，フランス経済の中で重要な位置を占める．とりわけ雇用に関しては近年大きな運動となっている．

第4章　社会的経済が作り出す財とサービス

表4　活動分野

| 第1次産業 | 第2次産業 | 第3次産業 | 第4次産業 |
|---|---|---|---|
| 農業<br>漁業 | 工芸,<br>生産<br>運輸<br>農業製品<br>住宅建設 | 銀行<br>保険<br>医療,社会サービス<br>住宅管理<br>運輸<br>旅行<br>文化・コミュニケーション<br>スポーツ | 対人サービス |

### 1.2　社会的経済の分野

社会的経済はフランスの経済活動と雇用の分野で無視できない位置を占めている．

### 1.3　社会的経済企業グループ会議

2001年に（F. クーザンその他の主導によって）社会的経済の様々な運動が「社会的経済企業グループ会議」（CEGES）を設立した．これは1970年に設立された「共済組合・協同組合・アソシエーション連絡全国委員会」（CNLAMCA）を継続したものである．CEGESは1901年法に基づくアソシエーションで，共通の課題と，地域的・国内・ヨーロッパ，グローバルな問題に取り組む．また企業のいろいろな形をとって社会的経済の価値を高める．CEGESはフランスの社会的経済の各分野の連合会を網羅している．

## 2.　社会的経済の分野

### 2.1　生産および運輸の社会的経済
#### (1)　農業と漁業

農業の社会的経済には生産協同組合，農業資材協同組合，運輸協同組合，医療共済，保険，家族アソシエーション，農村アソシエーションなどがあ

図4 農業協同組合の活動分野

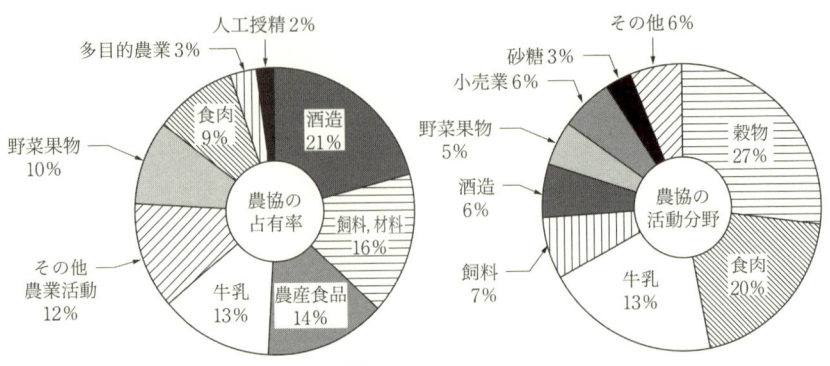

Source：Coop de France, chiffres pour 2003

（左円グラフ：農協の占有率）
人工授精 2%、多目的農業 3%、食肉 9%、酒造 21%、野菜果物 10%、その他農業活動 12%、牛乳 13%、農産食品 14%、飼料,材料 16%

（右円グラフ：農協の活動分野）
その他 6%、砂糖 3%、小売業 6%、野菜果物 5%、酒造 6%、飼料 7%、牛乳 13%、食肉 20%、穀物 27%

り，全体として持続して好調である．漁業の社会的経済は海洋協同組合がその代表である．これらの企業や組織は第1次産業の経済といえるが，19世紀から20世紀にかけて促進され，21世紀に続いている．これに生産協同組合と農業・漁業消費協同組合（その他農業分野に連結している）を足すことができる．

2003年に農業，食品分野で5,000の協同組合（子会社を含む）があり，事業高770億ユーロ，従業員15万人と経済的に重要な位置を占める．9割の農業開発事業体が協同組合に加入している．CUMA（農業資材利用協同組合）によれば，13,300団体に24万人の組合員が参加し，1組合につき平均300人（フルタイム勘定）の雇用がある．土地整備や灌漑事業が中心である．

海事協同組合は漁業開発のために，組合員に専門的なサービスを提供している．2002年には165海事協同組合があり2,500人以上の職員がいる．事業高は11億7千万ユーロである．近年堅調に伸びており，1999年に1,800人の職員数は，2001年には2,600人である．

協同組合の多くは中小規模である．しかし，農業協同組合の事業高の3/4は子会社を含めて1割の協同組合によるものである．今日，17の協同組合団体で事業高で7億5,000万ユーロ以上を達成している．1999年には12団

体であった．1980年代以降，協同組合が増え，過去40年のうちにヨーロッパと世界の競争化のために集中化が進んだ．1999年から2002年の間，協同組合の事業は蓄積増加によって拡大した（たとえばパリの「大風車」協同組合や「ブガンセイ」協同組合）．2003年以降，非協同組合の会社との提携が進んだ（合併，子会社化，パートナー化）．2003年に36団体が2004年には42団体となった．小麦粉事業体，備蓄事業体の分野では40％を協同組合が占める．次第に運輸部門の子会社が増加した．

農業協同組合はフランスでは「全国農業共済・協同・信用連合会」（CN-MCCA）と旧CFCA（フランス協同組合）が代表する．漁業協同組合は「漁業信用・共済・協同連合会」（CMCM）である．

### (2) 工芸

目的によってさまざまな協同組合や企業形態が可能である．すなわち購買協同組合であれば購入・在庫・調達活動をするし，商業協同組合であれば事業の拡大のためグローバルな戦略で市場での活動を促進する．生産協同組合とサービス協同組合ならば中小企業としてその生産手段，投資や第三者へのサービスを共同化する．これらの協同組合は組合員に対して能力開発と競争

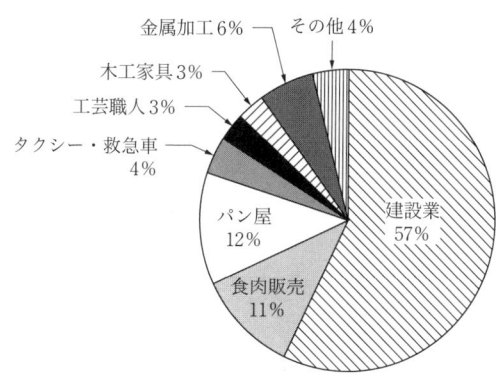

Source：FFCGA, mai 2005

**図5　労働者協同組合の活動分野**

力,(孤立した企業にとってはリスクがある)市場への参加,共同の「マーケティング」戦略,ノウハウの共有化を促進する.

2003年には800の工芸協同組合,4,700人の従業員,事業高11億ユーロであった.さらに協同組合以外の形態では8万の企業,183,000人の従業員がいる.

工芸企業は「フランスの最初の企業」であり,現在230万人の雇用と1,610億ユーロの事業高である.工芸労働者の10%しか協同組合に組織化されていないにしても,フランス職人協同組合連合会(FFCGA)は協同組合・企業は「進歩のための一定の役割を果たしている」としている.実際,企業の数字は減少しつつあり,工芸職人の独立性は減少しつつあるが,協同組合は依然として,彼らは自主経営ができるという点で彼らの能力を維持するために有用である.

連合会としてのFFCGAは同全国協同組合連合会と工芸協同組合再建全国連合会が合併したものである.

### (3) 工業と運輸

2004年には1,600の労働者協同組合(SCOP)に35,000人の雇用,事業高は32億ユーロである.これは1人当たり92,083ユーロである.1993年から2003年の間,SCOPは1,292企業から1,577企業に伸びた.従業員は29,000人から35,000人になった.この10年で,たえまなく20%増加した(ある時期3年間で5,000人増加した).従業員50人以上のSCOPの数が零細企業にくらべてとくに増加しており,同雇用の50%以上となっている.SCOPの財政も健全である.この10年で,従業員あたり75,000ユーロから92,000ユーロに事業高が伸びている(すなわち22%増).

SCOPの独自基金は長い間に伸びて,2004年には8億ユーロとなっている.従業員当たりの事業高も10年で27%伸びて,2004年には92,000ユーロとなっている.従業員による付加価値は,43,000ユーロであり,やはり10年で30%増である.生産協同組合は「持続性」が大事であり,場合によ

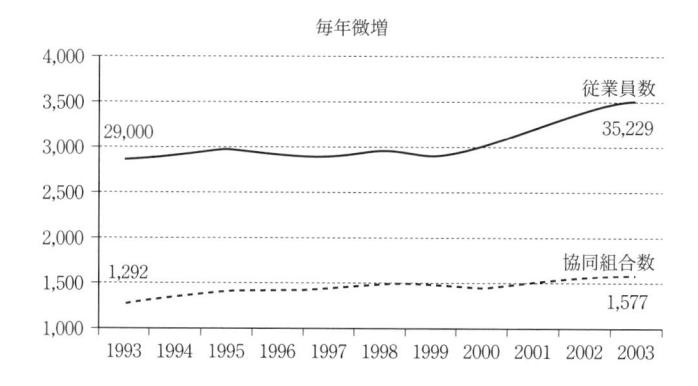

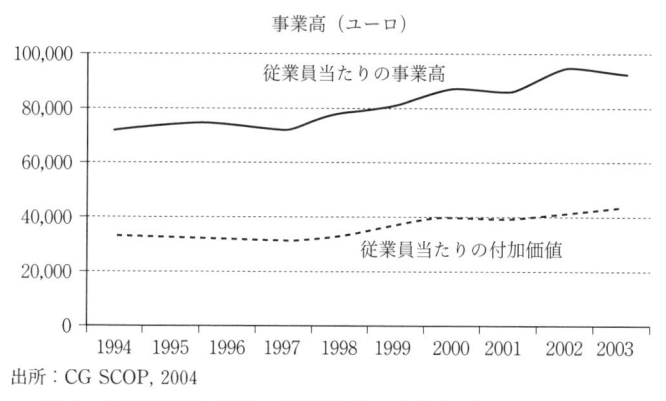

第 4 章　社会的経済が作り出す財とサービス　　　　　　　　　　91

毎年微増

[グラフ：1993-2003年の従業員数（29,000→35,229）と協同組合数（1,292→1,577）]

事業高（ユーロ）

[グラフ：1994-2003年の従業員当たりの事業高と従業員当たりの付加価値]

出所：CG SCOP, 2004

**図 6**　労働者協同組合の従業員数と事業高（1993-2003 年）

っては違う形態の企業になることもある．政府が労働者参加の積極政策を採用して，労働者株主や労働者配当などを打ち出したときに，SCOP は資本の配当を高く設置した（2003 年度で 12%）．これにより従業員に収益の 44% を出資金配当や積立金の形で分配した．また参加委員会によって，フランスの従業員 50 人以下の中小企業の 3% 以下は参加協定を結び，従業員による平均資本出資はこの 10 年で 18,000 ユーロから 30,000 ユーロとなった．

　この 10 年で，SCOP は非常に発展した．建設業，公共事業部門は伝統的に労働者協同組合が強い分野である（908 のうち 448 が SCOP，1981 年）．今日サービス分野が有力になりつつある．

図7 労働者協同組合の従業員数分布（2003年）

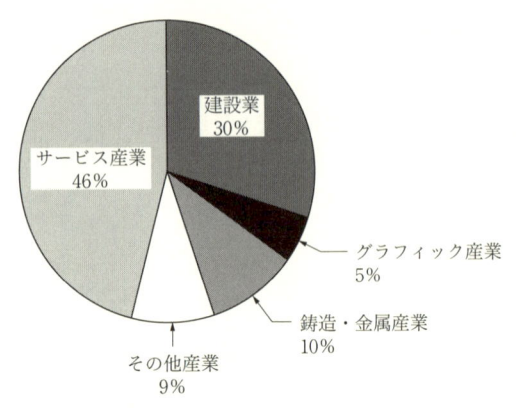

（建設業 30％、サービス産業 46％、グラフィック産業 5％、鋳造・金属産業 10％、その他産業 9％）
Source：CG SCOP.

労働者協同組合総連合会（CGSCOP）によれば，ここ10年の労働者協同組合の増加の理由は2つある．サービス部門の増加と企業の労働者協同組合への転換である．今後5年間でさらに企業転換は増加すると見込まれる．

公権力や経済社会活動に対して，SCOP運動とCGSCOPは，地域的，全国的な代表の役割を果たしている．

### 2.2 流通の社会的経済
#### (1) 協同商業

独立的商業は2区分できる．すなわち，フランチャイズと協同商業である．協同商業は，共同的な企業による協力という形態を取る．商業者の共同により自主管理により共同事業を行う．さまざまなサービスの共同購入を行い，販売をすることで，今日では，次第に共同商人グループとして認知されるようになって来ている．

協同商業は，2004年には事業高990億ユーロであり，市場の24.9％を占める．55団体，95ブランドがある．過去5年に協同商業は，年平均6.7％増加している．それは市場の伸び率を上回る．食品グループ（システムU，アンテルマルシェ，グループ・エ・ルクレク）だけで，660億ユーロの

第4章　社会的経済が作り出す財とサービス　　　　　　　　　　93

表5　協同商業の活動分野

(単位：100万ユーロ)

| 分　野 | 団体数 | 事業所数 | 事業高 | 市場占有率 | 販売店舗数 |
|---|---|---|---|---|---|
| 食　品 | 4 | 9 | 66,142 | 38.0% | 3,665 |
| 家庭用品 | 13 | 18 | 7,173 | 32.5% | 3,977 |
| めがね用品 | 4 | 8 | 1,722 | 49.8% | 3,300 |
| スポーツ用品 | 3 | 9 | 1,680 | 19.3% | 1,323 |
| 本・文具 | 2 | 5 | 1,004 | 16.1% | 424 |
| おもちゃ | 3 | 6 | 708 | 20.5% | 770 |
| 薬　品 | 7 | 5 | 10,592 | 34.9% | 12,112 |
| 旅　行 | 3 | 3 | 2,582 | n. c. | 1,260 |

事業高である．それは協同経済全体の70%を占める．3,665店舗は店舗全体の12%を占める．非食品部門では，270億ユーロで，全国26,395店舗ある．その他事業を含めて，年5.3%の事業高伸び率である．玩具（＋9/4%），めがね（＋8.2%）厨房機器（＋5.8%）である．協同経済は40万人の雇用（2004年）があり，385,000人が連合会に加盟している（＋2.3%）．2003年には，7,000人の雇用を創出した．これは4.9%増で，フランスの商業分野雇用の伸び率1.1%を上回っている．

　商人団体は，1963年以降，協同経済店舗連合会に加入している．2005年3月にはグループ・エ・ルクレク，モスキートも加入している．これらは流通セクターの95%を占める．


(2)　消費と流通

　消費協同組合は組合員と買い物客に「公正価格」で，その購入製品あるいは製造製品を提供することを目的とする．2003年に，消費協同組合の事業高は34億ユーロである．30の消費協同組合で968の店舗を持つ．そのうち715はハイパーマーケット，75がスーパーマーケットである．また544がコンビニ，216がディスカウント，99がガソリンスタンド，19がカフェテリアである．組合員は130万人（そのうち40万人がコープ・アトランティク），職員は14,000人である．CAMIFが流通協同組合の連合会である．パ

ートナーシップとして「トロワスイス」（営利グループ）があり，2004 年には 6 億 9,700 万ユーロの事業高，2,000 人の職員である．消費協同組合は全国消費者協同組合連合会（FNCC）に加入している．

### (3) 公正貿易

社会的経済は広い意味で，公正貿易を連帯経済という領域で含む．その目的は，公正な労働報酬，基本的な生活ニーズの充実（医療，教育，住宅，社会保障など），経済パートナーとの持続的関係などを通じて，人々を経済の中心に再統合することである．公正貿易は，良質な生産物，人々の基本的権利（まともな所得），環境保護，社会，文化，経済的な側面での人々の保護を目指す．多くがマックス・ハベラーという国際公正貿易ラベルを採用している．

先進国が公正貿易をまず始めたが，フランスのマックス・ハベラーの，ラベル付けした公正製品販売を進めており，2004 年には 7 千万ユーロの事業高（前年対比 90% 増）を示している．今日約 10,000 の公正ラベル化製品があり，さらに 410 追加品目がある．公正貿易コーヒーは一番商業化されている製品である（3,860 トン）．

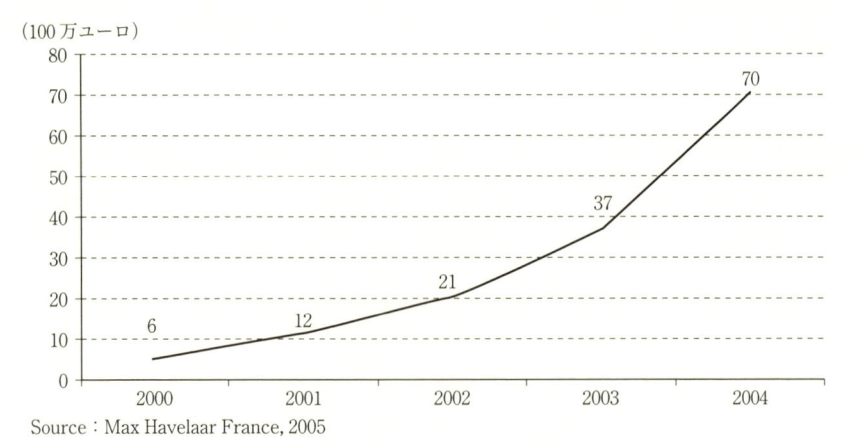

（100 万ユーロ）

Source：Max Havelaar France, 2005

**図 8　公正貿易ラベルの事業高**

近年，公正製品の販売のグローバル化は，情報の正確さ，製品がわかりやすいこと，また販売ネットワークの形成となって現れている．政府に出された報告書では，この公正貿易セクターの持続的発展について40のプログラムを提案している．

1997年に，「公正貿易プラットフォーム」が公正貿易の代表者たちの全国組織として設立された．フランスにおける30以上の組織が集まり，南北不均衡消費問題の調査をした．

### 2.3 金融セクター
#### (1) 保険

仲介なし保険共済組合（MSI）や社会的経済管理の共済組合（MGES）には，MACIF, MAIF, MAMUT, MAAF, GMF, MAPA, MFA, AMFなどがあり，個人自動車保険の50%，住宅保険の50%を占めている．保険共済組合団体では28,700人の従業員，4,100の拠点がある．2004年度には，損害保険の事業高は88億ユーロ（前年対比3.9%増）であり，1,800万人の加入者がある（1,440万人が自動車保険．住宅保険では2003年に37万人増加した）．生命保険会社は，保険料で18.4%増であり，52億ユーロで，保険加入者は6.9%増（250万人増）である．これら共済は新しく再編され

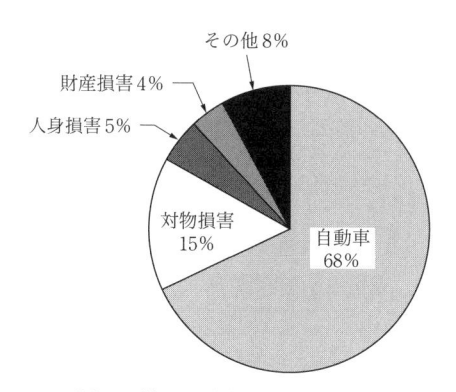

図9　保険共済組合の事業分布

(MAIF-MACIF, GMF-Azur, MAAF-MMA など), また医療共済組合 (拠点として MACIF 共済, MAAF 医療など), さらには協同組合銀行との協力がある. さらに, Groupama に代表される農業保険共済もある. Groupama は 2003 年度には事業高 12 億 7,400 万ユーロで 6.8% 増である.

保険共済組合は連合会 (GEMA) を 40 年前に作ったが, これは保険会社連合会 (営利保険会社, 公的保険, その他相互保険会社) とは異なり, 職能的団体が集まったものである. フランス相互保険会社連合会 (FFSA) に Groupama も加入している

### (2) 協同組合銀行

銀行委員会報告書によれば 2003 年には銀行市場の 26.5% を協同組合銀行が占める (2002 年度は 25.7%).

協同組合銀行正味稼得高は堅調に伸びて, 5.7% 増の 259 億ユーロである. 正味収益は 53 億ユーロ (3.6% 増) である. 2003 年の協同組合の地域支店が拡大して 204 支店が新規拡大している. 組合員数 1,720 万人, 職員数 25 万人である. 協同組合銀行は 4 種類に分かれる.

①農業信用協同組合グループ (クレディ・アグリコル)

2002 年において, 総額 5,807 億 9,500 万ユーロ, 2003 年には 8,752 億 3,800 万ユーロ. この間, クレディ・リヨネ (リヨネ信用協同組合) を買収した. 2004 年には, グループ全体で 2,100 万人の顧客数, クレディ・リヨネの支店数を合わせて 9,100 支店. 市場占有率は 24% である. また系列保険会社 (Predica, Pacifca など) では損害相互保険が強い. 2003 年の正味稼得高は 2 億 3,900 万ユーロ.

表6 協同組合銀行の市場占有率

|  | 2001 | 2002 | 2003 |
|---|---|---|---|
| 預金高 | 56.66% | 57.37% | 57.50% |
| 貸し付け | 37.39% | 38.78% | 40.93% |

## ②共済信用組合（クレディ・ムトゥエル）

2002年に事業高3,473億7,300万ユーロ，2003年に3,550億500万ユーロである．1998年に産業商業銀行（CIC）の管理になり，5年間で，貸付で60％増，貯蓄高で39％増．小規模銀行としては第2位（市場占有率15.7％，貯蓄額では12.5％）．また銀行系保険としては先駆者である．

## ③庶民銀行（バンク・ポピュレール）

2001年に事業高1,960億ユーロ，2003年に2,372億4,900万ユーロ．Natexis投資銀行などの買収をした．拡大策でクレディ・コープのグループと，海洋相互信用協同組合とも提携している．さらに多様化戦略をとり，各共済組合連合会（MAAF，MAIF）と損害保険の個別協定を結び，自己系列として生命保険（Fructive）も運営している．

## ④貯蓄金庫

1999年6月25日付法による協同組合であり，2003年度は事業高3,806億75ユーロ．定款変更から4年，組合員数は300万人．改革は成功した．実際，その他の協同組合銀行に遅ればせながら，組合員による銀行を設立した．それ以後，貯蓄金庫は，顧客を組合員とした新しい関係を作り出した．貯蓄金庫は地域に依拠したもので（組合員の64％は，農村や人口2万人以下の町に住む）．貯蓄金庫は，一部で保険共済連合会（MACIFやMAIF）と共同持株会社を設立している．

社会的経済の構成要素として金融組織を作るものとしては，たとえば，協同商業金融協同組合Socorecがある．これは協同組合や小売業者全国連合会とで設立したものである．組合員に貸付，保障，財政貯蓄などを行う．貸付高は2003年に21億2,600万ユーロである．GEMAは共済銀行SOCRAMを設立したが，その貸付高は2004年で150万ユーロである．同じくGEMAに加入している共済組合が作ったOfivalmo貸付会社は，今日フランス共済組合全国連合会（FNMF）にも加入している．Ofivalmoグループの中心的活動は，第三者に対する貸付である．2004年12月でその貸付高は

78億ユーロである．

　協同組合銀行は，フランス銀行連合会（FBF）に加入している．FBFに加入している銀行には共通定款がある．しかし，協同組合銀行はまた独自に全国協同組合銀行グループを形成している．さらにヨーロッパ倫理銀行・オルターナティブ銀行連合会（FEBEA）がつくられており，マイクロクレジットやマイクロ貯蓄などを手がけている．

### (3) 医療

　フランス人の2人に1人は社会保障共済組合や医療共済組合に加入しており，そのうちの80%は共済組合を信頼している．共済組合には2つの柱がある．ひとつはFNMFで，フランスの医療共済組合の95%を組織化している．もうひとつはMSA（農業社会共済組合連合会）で，県レベルで78の金庫，130の団体により構成される．さらに全国職業共済組合連合会（FNIM）がある．

　FNMFに加入している共済組合は，2003年度において3,800万人の組合員を組織している（1991年度は2,770万人）．医療共済組合は2002年度で163億ユーロの規模である．そのうち加入者による補完的医療掛金が120万ユーロ，社会保障掛金が22億3,000万ユーロ（そのうち4億6,000万ユーロが事故・労働不能のための金庫に，また17億7,000万ユーロが死亡・年金の金庫に）．21億ユーロが，社会医療・社会サービスの施設に使われている．多様な構成要素が共済組合の発展の起源となり，事業活動，第三者支払いの発生，扶助の促進，保障の増額，サービス内容の定式化，組織間の情報交換さらにはインターネット促進を行っている．

　さまざまな発展に応じた投資財源をグループ化によって確保するために，合併によって5,000から2,523の登録共済組合数となり，数としては半減した．約30の共済組合グループが60億ユーロと医療共済運動全体の事業高の50%を占めている．2001年の事業高の内容は次の通りである．医療・社会施設が8%，社会保障・年金貯蓄に6%，補完的医療費に86%．医療共済組

合は医療改革の主要なアクターの1つである．

　MSAについては，農業者団体（農民・農業労働者・それらの家族）の保護と医療費補塡を行っており，約400万人をカバーしている．年間の掛金は63億ユーロで，支給額は247億ユーロである．FNIMは2005年初めには，250万人の加入者がいる．

## 2.4　その他サービス活動
### (1)　住宅

　住宅セクターには2つある．HLM（安価住宅）協同組合と共同所有組合（1965年7月10日付法）である．この2つは全国団体としてそれぞれ安価住宅協同組合全国連合会（FNSCHLM）と住宅共同所有協同組合全国協会（ANCC）をもつ．

　HLM協同組合は2002年度には52ユニットを建設し，2003年には67ユニットを建設した．この増加は，建設全体の60%を占める1/4の協同組合の事業である．借家についてはHLM協同組合の歴史は浅い（40%が10年未満）．この活動の広がりのためには組織間の結合の発展，協同組合でも非協同組合でも他の団体との共同運営などが必要である．2004年にはそうした活動の調整によって建設は19%増加し，社会的活動も26%増加した．2003年8月1日付法「農村都市住宅計画促進法」では社会的住宅建設のための社会的共益協同組合の設立を認可した．これはHLMセクターにとっても社会的目的企業という新しい定款をもたらし，社会的住宅政策の持続化をもたらした．

　ANCCは，今日1,200組織が集まり85,000住宅を数える．加入者の半分は，イールドフランス地域に集中し，残りは，全国に散らばっている．社会的住宅セクターは協同組合，アソシエーションの他には，社会的活動を行う団体としては，性格は異なるが，DAL（居住権協会）やHH「居住権と人権」などの団体があり，社会的排除によるホームレスの問題などに取り組んでいる．

### (2) 運輸

運輸協同組合や団体は2003年の事業高は7億6,400万ユーロであり，12,500人の従業員がいる．運輸セクターは，近年堅調に増加している．すなわち，1999年に5.9%増，2000年に1%増，2001年に2.7%増である．協同組合の規模は大部分は5人以下の従業員であり，2001年度のセクターの事業所の79.1%，事業高の15.8%を占める．全国団体として，運輸協同組合全国連合会（UNICOOPTRANS）がある．この連合会は1963年に設立され，購買センター（UCT）と協同組合監査機関（ARCOTRANS）を主要な得意先としてサービスを提供している．さらにタクシー協会（GIE GESCOP）が1970年に設立されており，3つの協同組合に1,130人のタクシー組合員がいる．すなわちBarco（313台），GAT（464台），Taxicoop（353台）である．地域でも同様に共同運搬のアソシエーションや協同組合が作られている．

### (3) 社会的ツーリズム

全国ツーリズムアソシエーション連合会（UNAT）には多くの社会的ツーリズム組織が加盟しているが，その大多数はバカンスや余暇を事業としている．570万人以上が登録しており，事業高は2億ユーロ，雇用数は常勤12,000人，季節雇いが60,000人である．施設数は1,530カ所でベッド数は242,000である（2004年）．社会的文化的な事業と結びついた活動が社会的ツーリズムアソシエーションの特徴である．地域コミュニティの諸組織とむすびついて，新しい多様な実践が行われている．

### (4) 文化，コミュニケーション，出版

生産協同組合やアソシエーションの形をとった劇場がいくつもある（たとえば，ソレイユ劇場）．ダンス学校や絵画学校なども同様である．最近では，ツールーズ・オーケストラがその存続のために労働者協同組合の形態に変わった．

「オルターナティブ経済」,「クーリエ・ピカール」(第7章参照)などのように協同組合定款を持った新聞社がいくつかある．協同組合や共済組合(CIEM)の出版社もある．またラジオアソシエーションもある(第7章参照).

### 2.5 発展しつつあるセクター：対人サービス

在宅サービスは「市民の生活の向上に貢献する組織で，5つに大きく分類できる．すなわち家族，保健，生活向上，住宅，仲介である」．社会的経済企業グループ会議（CEGES）では，「高齢者介護などの新旧組織が支援や介護を，サービスの販売にせよ措置方式にせよ，教育を通じて質の高い実践と知識をつうじた活動をすすめている．長生きすると依存度も増えて，また女性の活動比率が増大することによって，対人サービスの必要は著しく増大する．対人サービスセクターの発展は，雇用住宅社会的統合大臣の J.-L. ボローによれば（ラフランやドピルパン政権当時），「主要な雇用の場のひとつである」と述べている．実際は雇用ニーズの10％しか満足させられていない．2004年には20万人の労働者が対人サービスのアソシエーションで雇用された．とりわけ高齢者在宅介護などである．保険会社や共済銀行もまた，介護市場に現れて，在宅介護に関与している．協同組合も同様である（介護手形，労働者協同組合の朝食券発行の子会社など）．

CEGES の理事長である J.-C. ドティローは，対人サービスについて次のように述べている．社会的経済企業にとって「救いの神」だと．「この分野で大いに発展して急速に拡大して，先駆者でもあり，また今日多数派でもある」．

### 2.6 アソシエーションと財団

アソシエーションは今日，人々の生活のすべての分野で重要な役割を果たしている．アソシエーションは文化・政治や市民社会の多様なものを調和するという革新的能力がある．若者の4人に1人は，アソシエーションに加入

している（主として文化・スポーツ）．大人の58％がアソシエーションに加入している．2,160万人（人口の45％）が会員である．
- 37％がスポーツ（730万人），文化（490万人）のアソシエーション
- 36％が共同利益擁護のアソシエーション（生徒父母会，職業グループ，借家人団体など）
- 27％が共生を目指すアソシエーション（高齢者クラブ，宗教的団体，地域コミュニティ団体，退職者団体，生涯学習団体など）

この10年の間，10人に7人のフランス人は，アソシエーションに加入している．7万のアソシエーションが2003年9月1日から2004年8月31日の間に作られている．1日に180アソシエーションが設立されている．主として4つの分野である．すなわち，文化（21.2％），社会的セクター（15.9％），スポーツ（13.3％），余暇（13.8％）である．予算はアソシエーションの規模によってさまざまである．またアソシエーションの3分の2は，年間予算7,500ユーロ以下である．わずか5％のアソシエーション（4万団体）が年間予算15万ユーロ以上である．保健医療や社会分野のアソシエーションの予算は多い．公的資金がその主要財源となるからである．組織の規模によってその重要性も異なる．非常に小規模のアソシエーションでは予算の60％が事業者の提供がある．雇用の面では，全雇用の5％を占めている（常勤換算）．勤労者の160万人が保健医療・社会サービス分野で働いており，残りの56万人が働いているが，常勤換算（同一労働同一賃金）だと38万人となる．教育分野で16万7千人換算，文化スポーツ分野で8万5千人換算である．雇用をしているアソシエーションの70％以上が，5人以内の雇用をしている．結局アソシエーションのメンバーであるかどうかはわからないが，15歳以上の1,200万人が2002年にボランティア活動に参加している．これは成人の4人に1人である．性別による参加形態は異なる面がある．15歳以上の男性の49％が1つ以上のアソシエーションに参加している．一方女性は40％である．この格差は縮まりつつある．今日，専門的ボランティアが強まりつつある．情報，新技術，コミュニケーションの分野の

第4章 社会的経済が作り出す財とサービス

アソシエーションが増加しているからである．

フランスにおけるアソシエーションの連合会はアソシエーション調整常設会議（CPCA）である．また1983年以来，アソシエーション全国協議会（CNVA）が，首相の諮問機関としてある．

財団についてはフランス財団連合会と科学研究全国センター（CNRS）がある．これらにより初めてフランスの財団の全体像が示された．2001年にフランスの2,109の財団を調査した（フランス研究所がそのうち1,000を調査したが，公表していない）．2001年に1,109の財団の予算は，約31億ユーロ（同年のアソシエーションによる予算の約7%）であり，資産総額は80億ユーロに増加した．

表7 フランスの財団とアソシエーション

|  | 財団 | アソシエーション | 財団/アソシエーション比率 |
|---|---|---|---|
| 総予算 | 31億ユーロ | 470億ユーロ | 6.6% |
| 職員数 | 47,000人 | 1,650,000人 | 2.8% |
| ボランティア数 | 27,800人 | 12,500,000人 | 0.2% |
| ボランティア職員換算 | 1,300人 | 716,000人 | 0.14% |
| 資産 | 80億ユーロ |  |  |
| 団体数 | 1,109 | 880,000 | 1.26% |

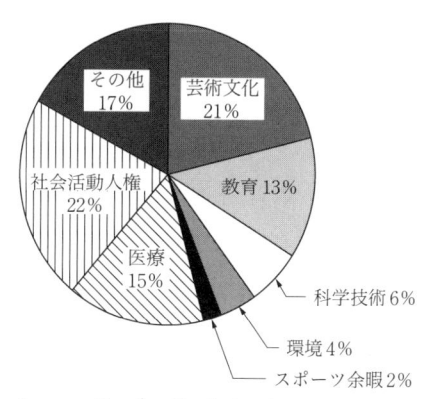

Source : Enquête Fondation de France auprès des fondations, 2005.

図10 財団の活動分野

- 芸術文化 21%
- 教育 13%
- 科学技術 6%
- 環境 4%
- スポーツ余暇 2%
- 医療 15%
- 社会活動人権 22%
- その他 17%

財団は約28,000人のボランティアに頼っている．また調査した財団の341は賃金労働者を雇用しておりその数は47,000人である．2003年5月，財団は社会的経済との密接な関係を構築して，社会的経済財団協会（ASFONDES）に結集した．これにより新たに公益活動と社会的経済諸組織との連帯的活動の推進が目指されている．

## 3. ヨーロッパレベルと国際レベルでの活動の拡大

ヨーロッパにおける協同組合，共済組合，アソシエーション，財団の全体象については今日，各種調査や資料がある．ヨーロッパにおける社会的経済セクターのグローバルでダイナミックな比較はどこもやっていない．「統計がしっかりしないと全体的な把握ができない」状態である．

### 3.1 ヨーロッパにおける社会的経済の重要性

1990年代末に諸研究とりわけEU統計局による調査では，EU内部での全体像を加盟15カ国の協同組合・共済組合・アソシエーションについて，個人加入であれ団体加入であれ2億4,800万人が加入していると推定した．このときEUの総人口は3億6,000万人である．社会的経済はヨーロッパの企業の8%を占め，従業員は900万人であると推定した．

25カ国によるEUの中で，協同組合企業が288,000，500万人の雇用であり，そのうち協同組合銀行の顧客は1億3,000万人であり，農業協同組合には300万人の組合員がおり，消費協同組合には2,400万人の組合員がいる．社会保障共済組合と医療共済組合は，2003年には7,800万人の組合員がいる（EU 15カ国）．保険共済は保険市場の23.7%を占めている．

EUは新しい加入国を加えて，届出アソシエーションは300万弱となった．アソシエーションの経済的重要性は増している（EUの国内総生産の4%）．「市民的」機能が増しており市民の2人に1人はアソシエーションに加入している．ヨーロッパ財団センターによるはじめての調査によれば，財団

数はヨーロッパ全体で約 61,000 である．

### 3.2 ヨーロッパにおける社会的経済の代表組織

ヨーロッパ協同組合・共済組合・アソシエーション・財団常設会議 (CEP-CMAF) が 2001 年に設立された．これはヨーロッパの社会的経済の異なるグループの集中，代表，提言などを行うものである．協同組合・共済組合・アソシエーション・財団の価値と役割を推進する (CMAF) ために経済，社会，文化，政策推進，法制化などをヨーロッパレベルと地域で行う（付録 2 の社会的経済の構成要素を見よ）．

### 3.3 ヨーロッパ連合の拡大による社会的経済の拡大の機会

社会的経済の状況は東ヨーロッパでは弱い，とくに協同組合がそうである．ベルリンの壁崩壊以後，協同組合に対する政府と民衆の不信感がその原因である．協同組合のあり方が旧体制そのものとそっくりだと見なされたからである．東ヨーロッパにおける体制移行時における資本の不足，協同組合法制度税制度の不備なども理由に挙げられる．

東ヨーロッパにおいて社会的経済が発展するためには，西ヨーロッパの社会的経済との共同が必要である．2002 年のプラハ会議，2004 年のポーランドでヨーロッパ社会的経済会議が開催された．東ヨーロッパのための社会的経済開発基金 (Coop Est) が創設された．フランスの社会的経済企業も含め多くの事業体がこれらの東ヨーロッパ諸国の発展を支援している．

＊　＊

社会的経済は世界中で発展している．経済，金融，医療，社会サービス，文化，スポーツなど多様な活動にほとんど参加している．一国的にもヨーロッパレベル，国際レベルでも（金融や農業セクターの変化をはじめとして）市場での新しいサービスの事業を行っている．社会的経済の重要性は，部門によってでこぼこはあるにしても，フランスやヨーロッパでは社会経済分野

で持続的なアクターとして根づいている.

# 第5章
# 公的セクターと私的セクターと社会的経済の関係

　企業や組織の別の形態と同じく，社会的経済はその法人格を，国家から認定をうけ，定款を取得する．J.モローが指摘したように，それは「道具化」される危険，囲い込まれる危険があり，またより単純に言えば役割と責任を分担させられる．しかし，社会的経済は今日よりよい理解を得られるようになって来ている．国家との関係が深まることは，組織にあるわかりやすさを得られることでもある．協同組合の新しいタイプは，国家や地方自治体，県，地域とも関係を持つようになっている．

## 1. 1980-1990年：国家による社会的経済の認知

　国家と社会的経済とのパートナーシップの発展は，連合会や代表組織があってこそのものである．1970年代に，社会的経済は自ら何であるかを示し，連絡委員会を設立することによって，歴史や伝統の違うものをまとめ上げ，理解できるようにした．1980年代には，だんだんと政治組織からも認知されるようになり，新しい解決や「特別な手段」として認められ，1981年には政府に社会的経済各省間代表機関が設置された．同局は協同組合，共済組合，アソシエーションの交渉相手となり，各省とも個別に対話できるようになった．

### 1.1 社会的経済各省間代表機関（DIES）
　DIESは後にDIISESとなり，政府による協同組合・共済組合・アソシエ

ーション・財団の役割の重要性を認知したものである．その活動は，26の地域行政認可の代表と103の県単位の代表からなる．また社会的経済委員会，アソシエーション全国協議会（CNVA）と協同最高会議とも連携がある．DIISESは財政，法制，人的な問題の環境作りをしている．2005年の秋に，DIESは社会的経済企業グループ会議（CEGES）や社会的経済会議や野党とりわけ急進左翼政党や中道右派政党からの抗議を受けた．DIESは改組されて，雇用社会統合省の下で（改革・社会的実験・社会的経済各省間代表機関（DIISES）となった．またアソシエーション部門は，若者・スポーツ省の所管の一局となった．また諮問委員会は社会的経済最高会議と改組された．

さらに1975年以降に議会グループとして社会的経済議会クラブが作られた．下院（国民議会）と上院の議員たちと経済社会委員会（この中にもアソシエーション・協同組合・共済組合の代表グループがいる）のメンバーたちがあつまって，社会的経済分野での調整を行っている．

### 1.2 社会的経済セクターと公権力との緊密な関係

共同連帯的な活動の発展のために民主的機能が必要であるが，それは富の再配分を目指しており，社会的経済企業は公共政策に対する共通の取り組みを多くの領域でしている．したがって，協同組合・共済組合・アソシエーション・財団は，次第に国家や地方自治体との有力なパートナーとなりつつあり，社会的統合，社会的排除された者の社会への復帰，医療受診権利の確保，都市や農村地域における社会的経済的ネットワークの維持などという公益（一般利益）目的を追求している．

国家と社会的経済とのパートナーシップの発展はまた多様な範囲に拡がりつつある．アソシエーション分野に関しては，民間の医療社会機関についてはアソシエーションによる介護や在宅サービスの全国組織があり，また障害者のためのアソシエーションなどが公的セクターと併存して展開している．すなわち，看護センター，病院，高齢者施設，障害者施設，社会的弱者施設

などの全国連合会がある．医療社会サービス分野では，共済組合が社会保障制度の補完的役割を果たしており，「社会的リスク（病気，事故，老齢など）に対する個人保護という伝統的役割を果たしている」．農業相互保険は，社会保障制度の補完的役割の他，農業者の疾病保険も行っている．さらには若者の雇用創出や対人サービスセクターの推進も行っている．

今日，若者問題に焦点を当てているが，数年来，公的セクターとともに各地方自治体は社会的経済企業とアソシエーションについて注目している．2005年6月に首相のドビルパンは，「アソシエーションセクターや公的セクターにおける雇用創出が重要である」と述べている．またジョスパン政権においても，何年もの間「新若者雇用サービス（NSEJ）」というプログラムが実行された．その間，別の措置として若者雇用参入契約が実施されたがNSEJに吸収された．いずれにしても国家は失業対策を進め，新しい雇用の形を作り出そうと，公益的分野で優先的に行っている．第4章で見たように，さまざまな社会的経済企業がすでに対人サービス分野などで設立され雇用創出をして，政府の「社会的統合プラン」に対応した取り組みをしている．

---

### 対人サービスの社会的経済企業2社

2004年10月に，貯蓄金庫グループである教員の保険共済連合会（MAIF）と保険共済連合会（MACIF）は自分たちの組合員むけに対人サービスの共同計画を立ち上げた．これはグローバル化，競争化の中で質の高いものを追求して，高齢化社会に応えようとするものである．3つのグループのプロジェクトがある．電話による貸付，銀行サービス，保険サービスである．3つのネットワークがパッケージとして加入するもので，顧客は相談によってサービスを選択して受け，料金もサービスにあわせてそれぞれ違うように選択できる．

協同組合銀行グループと在宅サービス介護アソシエーション全国連合会（UNASSAD）との共同で，対人サービスの情報化をすすめた．これらのプログラムは研究する価値がある．この両者はフランス全国で銀行窓口を通じて，対人サービスを促進している．

## 2. 公権力とアソシエーション：特別なパートナーシップ

社会的経済組織と公権力との連携は，国家と地方自治体とにおいて多様化している．公権力は自分たちが負うべき活動を民間組織に担わせるようになってきている．社会的ツーリズム・文化・保健社会サービスの分野ではアソシエーションがとくに重視されている．

### 2.1 法的関係

この30年の間，公権力はアソシエーションの役割について認識を深めてきている．1982年には分権化が始まり，公的法人とアソシエーションのパートナーシップの発展が促進された．行政的な観点からはアソシエーションは柔軟性が評価される．公的アクター（国家，地方自治体，社会保障組織）との関係で法的支援形態は多様である．公的セクターとアソシエーションのパートナーシップは3つの形に区分される．

### (1) 補助金

国家や地方自治体とのパートナーシップの形は非常に拡がっている．アソシエーションが国や地方自治体や公的機関から補助金をもらえるようになるためには，定款，報告書，理事会名簿，会計，年間予算，資産，人事名簿などの書類を提出しなければならない．補助金は権利ではない．公的権力は補助金をださなくてもよいのだ．それにまた補助金を受けたからといって続けてもらえるわけではない．今日，補助金を出す側と受け取る側の関係は契約化という傾向が強まっている．

### (2) 公的サービスの委託

アソシエーションと公的セクターとのパートナーシップのもう1つは，アソシエーションが公的サービスを委託されることである．この場合，公権力

第 5 章　公的セクターと私的セクターと社会的経済の関係

は自らの義務をアソシエーションに肩代わりしてもらうことになる．一般的に，公的サービスの委託機関になることは，民間組織と公権力との間の調整を，1993 年 1 月 29 日付法第 93-122 号（サパン法）によって行うことになる．ただしアソシエーションが受給者の場合は特別規定がある．2001 年 12 月 11 日付法第 2001-1168 の規定では，公的サービスの委託は「公的法人との契約で，公的サービスの管理を公的委託または民間委託を行い，サービス内容にもとづいて報酬を受ける．委託された機関はサービスに必要な事業と資産の取得ができる」としている．

(3)　公的サービスの片務委託によるサービス

公的権力とアソシエーションの第 3 のパートナーシップの形は，アソシエーションにたいする公的サービスの片務委託による帰属である．民間法人のいくつかは，アソシエーションを含めて，諸法律（政令，通達など）によって公的サービスを委託できる．サービスの提供は契約的ではなくて，片務的委託である．

この 3 つのアソシエーションのあり方はそれぞれ行政との依存関係が異なる．第 1 はアソシエーションとの共同である．国家はアソシエーションにある種の特権を与え，同時に，厳しい公益性に従わせる．家族アソシエーションやスポーツ連合会がその例である．第 2 のタイプのアソシエーションはいわゆる「混合型」アソシエーションである．これは，民間法人と公的法人が集まることができ，共同管理形態をとることもできるし事業連合体もありえる．第 3 に公的基金だけに頼っているので「行政」とも見なされるアソシエーションがある．たとえば文化の家などである．こうした混合型アソシエーションは私権と行政権が結びあっているあり方といえる．ラグビー事故被害者はスポーツアソシエーションを訴えても公権力を訴えてもよいと国務院は認めている．行政の統制の仕方も多様である．しかしながら公的サービスの片務委託の場合，公権力によるアソシエーションの管理の問題はさらに検討

の必要がある．

## 2.2　財政ネットワーク

　分野別に公権力と共同し地域でのネットワークや社会的統合を強化するために，アソシエーションは国家や地方自治体から財政を含めて公的な支持を受けている．第4章で見たように，公的な財政支援はアソシエーションの財政の中心的な資源となっている（54%）．V. チェルノノグの研究によれば，アソシエーションの活動における公的財源の重要性が強調されている．非常に小規模なアソシエーションには公的財源はほとんど流入しない．大規模なアソシエーションにそれは集中している（46,000 アソシエーションで補助金の 88% を占める）．さらに「地方自治体と国家は財政支援を多様化している」．すなわち，地方自治体は小さなアソシエーション（スポーツ分野，余暇，社会活動）を支援しており，県は「大規模な社会活動アソシエーションに財政支援の大部分をむけている」．地方（EU 単位を含めて）は教育や訓練のアソシエーションに基金の多くを出しており，国は「社会活動や教育さらに文化分野の大規模アソシエーションを財政支援している．大規模な保健社会アソシエーションの場合，組織運営への財政（日当，会議，特別手当）に使用される．国家や地方自治体とアソシエーションとの密接な関係維持は，社会的経済組織の国家による道具化という問題を引き起こす．2001 年に国家とアソシエーションセクターは，それまでの不信を解消しようとして「共通の文化」に基づく本来のパートナーシップを再確認した．

## 2.3　共同パートナーシップの活動の委託

　2001 年 6 月にアソシエーション全国協議会（CNVA）は「アソシエーションの発展の鍵は，みんなが望んでいることの発展であり，国家，地方自治体とアソシエーションの分担的関係により，共通利益のための使命，サービス，活動を保障することである」と述べている．2001 年はアソシエーション法成立 100 年であったが，国家とアソシエーションは新しい関係を構築し

たのである．

　国家とアソシエーションの相互協定はアソシエーション法100周年を記念して2001年7月1日に行われた．憲章は「共和国とアソシエーションとの信頼の協定」と呼ばれ，アソシエーションの自立性擁護，公権力がアソシエーションの活動の質を保証するという大原則を100年の教訓として明記した．憲章はアソシエーションの基本的役割と公益貢献性を確認し，自由参加，市民のボランタリーに基づくものであるとした．国家とアソシエーションのそれぞれの役割を明確にし，透明性を確保し，相互の安定的関係を保障する．J.-M. ベロルジェイによれば「テーマにもとづくパートナーシップ」であり「相互義務」である．

　2004年に，アソシエーション所管大臣はアソシエーション調整常設会議（CPCA）を通じて「アソシエーションの全国会議」を招集した．これは国家，地方自治体とアソシエーションとの対話と結集を目的としたものであった．3つのテーマが議論された．すなわち，

- 公権力とアソシエーションとの間の契約的な関係の強化．国家とアソシエーションとのパートナーシップの実行の容易化と複数年契約化．
- 国家とアソシエーションセクターとの対話の役割と方法の強化．
- ボランタリー活動の意義の重視とボランティアの役割の認知と強化．

さらに，アソシエーションは2001年憲章にもとづき，地域や県レベルとの関係の拡大を望み，「アソシエーションと地方自治体との地域憲章」作りに地方自治体や県ととりくんでいる．現在まで，すでに，ポワトウ−シャラント，プロバンス−アルプ−コートダジュール，レジオン・サントル，ローレーヌ，アキテーヌ，バス−ノルマンディで「地域憲章」が作られている．その他の地域でも現在進行中である（ミディ−ピレネ，イルド−フランスなど）．

## 3. 社会的経済と地方自治体とのパートナーシップ：新しい飛躍

近年，地域と資源が重視されつつある．社会的経済推進協会（FONDA）の理事長のJ.マンガンが指摘するように，「地域は，単に細分化された行政区ではない．それは共同で資源を価値化し，統合のために働き，地域社会の真の発展を目指す活動家のネットワークを組織するものである」．分権化という枠組みで，社会的経済は国家から地方へという転換のための特別なパートナーとなりえる．

### 3.1 社会的経済の地域政策

地域へ社会的経済が根付くことには歴史がある．「地域の解体とグローバル化の登場」により，J.-F.ドラペリは社会的経済とりわけ協同組合運動について，「地域経済と結合することが大事」だと指摘している．分権化に関する諸法律は，地方自治体，県，地域圏が社会的経済組織のために安定的な社会経済ネットワークをつくることを強化する．実際，地域近代化は，革新的な活動（近隣サービスなど）と雇用の創出があればこそである．すなわち，社会的ネットワークの創設，地域民主主義，地方自治体による調査活動などが生まれている．

社会的経済は，地方や地域圏の活動家を生み出している．これは公益や社会的有用性，経済効率性と結びついたガバナンスを通じての地域資源の再展開である．地域の役割の強化は，社会的経済の主要目的のひとつであり，長い間，地域構造づくりに対応してきたのである．

### 3.2 新しい地域協同

社会的経済地方会議所（CRES）は，協同組合，共済組合，アソシエーションの出会いの場であり，意見交換をし共同プロジェクトを行う場である．CRESは社会的経済セクターのネットワークの拡大を地域レベルで行う．

CRES は地域圏の知事に指名された地域に1つか2つある地域経済社会委員会とも連携して社会的経済の地域の中核となっている．長年，地域圏委員会とも協同を続けている．

　地域圏委員会の政策は，社会的経済と地方自治体との関係では長期にわたって教育と職業訓練，医療，社会サービス，スポーツの分野で安定的な関係を持っており，さらに新しい分野が拡がりつつある．現在の地域での混乱（EU での権限の登場，地域再編）は，地域レベルでの新たな協同の可能性の機会でもある．地域圏委員会は分権化によって促進されたが，新しいパートナーを探して，地域での経済社会ネットワークを推進しつつある．地方自治体と社会的経済組織との新しい協同の分野は，たとえば民主的参加の強化と，企業創出，活動の委譲，世代間の連帯の推進である．ノール-パ-ド-カレー地方における CESR は，アソシエーション，協同組合，共済組合に対するプロジェクトに支援金を出して，雇用の拡大を委員会として支援している．ローヌアルプス地方の地域圏委員会による 2004 年雇用計画では，25 歳以下の若者むけに「アソシエーションによる雇用のジャンプ台」（3 年間で 5,000 人）の措置をとっている．地域の小さなアソシエーションが市民的権利や環境問題，社会文化活動，社会保障，公的医療にアクセスできるようにしている．2005 年に，地域圏委員会は，「社会的連帯経済セクターの発展段階」を作成した．アルザス地域圏委員会も「アソシエーションのマイクロプロジェクト支援」を打ち出したし，イールドフランス地域委員会もまた「共同企業推進」策を出して，協同組合（労働者協同組合，社会的共益協同組合など）が雇用創出活動をすることを支援している．リムーザン地域委員会では「社会的連帯経済セクターの事業活動」に関わる措置を採用して，地域における近隣サービスの推進を図っている．これは高齢者在宅介護，障害者へのサービス，「社会サービス企業の創出支援」を行っている．国際的なパートナーシップ推進も同様に進められている．「人間兄弟」アソシエーション，ナント市，ブラジルのレシフェ市が共同して人民連帯経済のセンターを設立して，地域事業の支援を行っている．

### 3.3 協同の道具

地域でのパートナーシップの発展は，組織的には主として2つの法的形態を取る．すなわち，社会的経済連合会（UES）と社会的共益協同組合（SCIC）である．UES は社会的経済企業同士が協同してグループ化し，一般の営利企業や公的組織とも共同することが認可されている．SCIC は協同サービスを行うものとしてすでに運動としては存在したものであるが，さまざまな協同の分野を結合することが認められたものである．この2つの形態は，社会的経済と公権力の仲を推進するための可能性のある新しいステップであり，分権化，社会的統合化がすすむ地域開発の中核となるものであり，参加民主主義を一層推し進めるものである．

国家，地方自治体，社会的経済組織との意見交換と対話のためには，「連合会が連合」して社会的経済のネットワークを作るのがよい．社会的経済はグループ化して交渉相手として多様化することで，地域での社会的経済組織が一般人にも見えやすくわかりやすくなる．このネットワークは，社会的経済とグローバル化，環境との文化的なパートナーシップを学ぶ上での鍵となるものであり，連合会のネットワークもそれに加わることになる．こんにち世間一般では，地方自治体，地域のアクター，様々なアクターのネットワークという必要をみんな感じている．パートナーシップのきっかけはたくさんある．連帯経済地域ネットワーク（RTES）は，地域圏委員会や都市，農村などの地方自治体も参加している．社会的経済・地域経済（EST），社会的経済ヨーロッパ地域自治体ネットワーク（REVES）は，地方当局や地域の社会経済アクターと関係を持っている．しかし，社会的経済が見えるようになることは問題の一面にすぎない．社会的経済の多くの組織が今日，その経済実績がどうかということばかりでなく，意思決定や動員が行えるネットワークができればよいと思っている．

## 4. 社会的経済と労働組合運動

21世紀が始まり，民間セクターの労働組合や教育公務員の労働組合と社会的経済との関係は進んでいる．労働組合にとっては社会的経済組織，協同組合，共済組合，アソシエーションを理解することが新しい労働の取り組みであり，労組間の取り組みではできないことである．たとえばフランス労働民主連合会（CFDT）は，社会的経済を200万人の勤労者の集まりだと考えている．「強い人間的価値」をもつそれらの法人は，「連帯，自律，市民性」という価値を持ち，「労働者運動，ユートピア社会主義，社会キリスト教主義，ヒューマニズムなどを起源としているが，ユートピアにとどまることなく現実的な経済への参加をしている」と見なしている．労働総同盟（CGT）は，「社会的経済の原則は非常に親近性がある．社会的経済は人々の集まりであり，剰余金をその事業に投資して，1人1票原則に従って権限を分配する」と言っている．社会的経済は，経済，人間的価値，行動倫理，社会的関心を持つものである」とCGTは言っている．別の労働組合もまた社会的経済の新しい取り組みに関与している．フランス管理職労働組合連合会（CFE-CGC）は，たとえば共済組合法改正の議論に際して，共済組合は「人的会社であり，利益追求しないこと，連帯性，共同責任性，社会的民主主義がその本質的な価値である」と述べている．

### 4.1 社会的経済と労働組合との関係

社会的経済の発展にともない，社会的経済組織と労働組合との対話が進んでいる．社会的経済企業グループ会議（CEGES）は，その設立まもなく各労働組合（CGT，CFDT，FO，CGC，CFTDなど）の代表を受け入れた．この会合は協同組合，共済組合，アソシエーションと経済，社会問題を議論するものであった．

社会的経済事業者団体連合会（USGERES）は労働組合との協定を結び，

社会的経済を経営者団体の立場で促進している．それ以前には社会的経済の経営者団体はなかった．というのは，「経営者」というイメージは悪かったからである．逆に，従来の経営者組織と接近している連合会たちもある．したがって USGERES の設立は，労働組合にとっては状況をはっきりさせるものとなった．社会的経済と労働組合との位置関係の変化は，労働裁判所の歴史から始まるが，2002年12月11日の労働判事選挙で，経営者代表リストの中に社会的経済組織が含まれて変化は明らかになった．「社会的経済の 25 の経営者団体が 12 の職能部門に分かれて，労働判事選挙で 278 人が選出された．労働裁判所における得票の 34.5% を社会的経済経営者団体は獲得した（労働審判所全体の 11.3%）．社会的経済経営者団体の USGERES，非営利保健社会医療事業者団体連合会（UNIFED），保険共済企業団体（GEMA），在宅サービス介護アソシエーション全国連合会（UNASSAD）などのこれまでにない共同の成果であった．社会的経済の特殊性に関して労使協定や法律への影響という点で画期的であった．社会的経済が労働組合にとっても進歩的な意義をもっていることの再発見となり新しい動きが始まった．たしかに社会保障，職業教育，雇用という全国的な問題にとって社会的経済経営者団体と労働組合の関係は重要である．

とりわけ CFDT はこの発展に貢献した．「社会的経済は，アソシエーション・協同組合・共済組合と多様な部門から構成されるが，2つの論理的原則によって組織されている．すなわち，運動と経営者である．運動の論理は，社会経済哲学であり，革新を目指す．この運動の論理は，アソシエーションや共済組合を労働組合とのパートナーシップの追求に向かわせた．「われわれはそこに共通の規則を探さなければならない」．一般的には，労働組合は社会的経済を経済社会的な規制を可能にする要素とみなしている．協同組合，共済組合，アソシエーションは近年増加しつつあるが，社会的経済としては雇用増加セクターと受け止められている．労働総同盟（CGT）にとっては，社会的経済は雇用推進の道具のひとつであり，財とサービスを生産する非営利の社会的な仕掛けであり，権利平等であり，生産手段所有全能とい

う立場ではないことを評価する」と好意的である．

　しかし，労働組合は社会的経済に疑念も持っている．「労働者の力」（FO）は 2002 年に皮肉っぽく言及した．「EU 委員長（ロマーノ・プロディ）は，経済構造についての見解において，協同組合は道義なきグローバル化の到来に対する回答であるとして急に関心を持ったようだ」と．たしかに，公的投資，民間投資に漏れたところを埋めるのは協同組合だけではないだろうが，社会的経済による投資は個人のニーズに応えたものであろう．支配的な経済システムに対するオルターナティブとしてまたは，それらの補完物として社会的経済が見なされるにしても，過度な理想化の対象となってはならないことも当然である．この点は社会的経済の価値を認める労働組合も疑念をもっている．「社会的経済の定款をもつ企業の中身がその原則からほど遠い場合がある」と CGT は言っている．労働組合は社会的経済が前進していることも同時に認めている．労使による「社会的対話は，これまでに比べて安定的に行われている」．しかし状況は曖昧である．労働組合によれば，「労働者たちの本来の要求は，労働者がアソシエーション・協同組合・共済組合の活動家となると弱まってしまう」というのである．

　社会的経済と労働組合は，自動的に「波長が合う」わけではない．医療セクター，社会保障とその補完保障についての政府改革案などに関しては微妙な違いがある．フランス共済組合全国連合会（FNMF）と CFDT は近い位置にあり，FO は 2005 年以後，補完的保険会社や共済組合，社会保障支給団体などに対して批判の火の手を挙げている．FO によれば「社会保障改革」はそれらの団体にとっては「好機」であり，そうした補完的団体が医療保険改革を利用して，不正な保障（保険）給付を行おうとしていると非難している．

## 4.2　社会的経済と労働組合の一致

　社会的経済事業者団体連合会（USGERES）の設立によって，近年「横断的な」考え方が認められるようになってきた．協同組合，共済組合，アソシ

> ## 「社会的経済の横断的社会的対話グループ」の創設
>
> 2001年4月,社会的経済事業者団体連合会(USGERES)と5つの社会的経済労働組合連合会は,「社会的経済横断的社会的対話グループ」を設立した.これはアソシエーション,協同組合,共済組合に特徴づけられる企業モデルと社会的関係について検討するものである.
> 2003年9月に,5つの労働組合団体はこのグループに対する取り組みを改善して,USGERESと新たな協定に調印した.社会的パートナーたちは社会的対話グループの持続することを願い常設化した.互いの使命を2年後さらに新たに確認して,2003年から2005年にかけてのグループの4つの優先事項を決めた.すなわち,
> ①雇用の質を高めること.
> ②若者雇用政策の推進.
> ③継続的教育訓練の展開.
> ④社会的対話の発展を通じて労使交渉の推進.

エーションなどの社会的経済の経営者と労働組合との対話である.その状況は多様である.労働組合が社会的経済のいろいろな活動分野の中で存在して対話を活発にしているとはいえ優先視されるわけではない.というのもその中で勤労者は活動家であるわけではないし,一方で社会的対話というものが存在するからである.そのことはM.ポルタが指摘する通りである.連合会やグループ化によって経営者の役割が評価されてきている.たとえば,アソシエーションの社会サービスセンターでは,労働組合の組織化を弱いので,社会的経済企業の経営者側の意見としては,そうした状況は変えなければいけない.すなわち「社会的経済の中にも労働組合の出現を認めるべきである」と.

これまで社会的経済団体と労働組合との間での相互的取り組みの流れの中で共同は部分的に持続している.MACIF保険共済については,その誕生以来,5つの労働組合連合会と協定を結んできている.各労働組合(CGT,CFDT,FO,CFTC)の書記長や委員長は,2004年9月14日にこの共同

の20周年の祝いをした．また，損害保険共済団体といくつかの労働組合勢力は，共済企業の発展に共通の関心をもち，競争的な保険市場の中で勤労者のための保険を促進している．労働者協同組合による社会的弱者向けの「朝食券」は，FOのG.リノによって作られた．今日でも労働組合への加入について迷っている新参の労働者は多い．

労働組合による今日拡大しつつある新しい共同活動とは次のようなものがある．

①対人サービス

企業委員会と労働組合との関係は社会的経済でも重要であり，とりわけ社会的ツーリズムの分野で重要である（地方自治体とのパートナーシップ関係）．今日このパートナーシップは，在宅介護などの新しい事業で見られる．在宅サービス券は，協同組合グループの朝食券と同類のものであるが，社会的経済はこのサービス市場の70％を占めている．これらは地方自治体や企業委員会との信頼関係を構築している．

②勤労者貯蓄

労働組合連合会は2001年のいわゆるファビウス法に基づいて活動している．各労働組合（CFDT，CGT，CFTC，CGC）は，この「新分野」についての協定を行った．それは「勤労者にたいする勤労貯蓄サービス」である．この協定により，勤労者貯蓄労働組合間委員会（CIES）が設立された．これは，各共済組合連合会（MACIF，Groupama）や投資会社（Ofivalmo），共済金庫，農業金庫に「勤労者貯蓄」の商標を与えるものである．労働組合に対しては，労働報酬に対する集団的措置を拡大し，労働組合活動の新しいてことして，社会的責任投資に参加させるものである．社会的経済の中でも，労働者協同組合総連合会（CGSCOP）やMACIFが生産協同組合と勤労者貯蓄の管理協定を結んでいる．

③連帯貯蓄

同じ論理で，労働組合は連帯貯蓄にも関心がある．CFDTとアソシエーション「フランス・アクティブ」は，2002年に，社会的困難にいる人々を

労働参入するための連帯貯蓄のためのパートナーシップ協定を結んだ．CFDT は，「雇用参入共同基金とフランス・アクティブ」に登録した．

④活動の創造

勤労貯蓄や連帯貯蓄に取り組みつつ，労働組合は，社会的責任基準，持続的発展，雇用創出を行う企業むけの融資という方向に向かった．この新しい取り組みには多くの労働組合が支持を表明し，社会的経済の事業体の取り組みを認めている．

⑤専門化

労働組合は，労働者の教育訓練の強化に取り組んでいる．とりわけアソシエーションを通じて行っている．一部の「微妙な」立場のセクターは，在宅支援のように新しい方法を切り開いている．この関心は社会的経済企業全体のものでもある．この期待に応えて多くの連合会たとえばCGSCOPや民間保健社会サービス機関全国連合会（UNIOPSS）は，常設教育部門を設立して全国レベル地方レベルで実践している．アソシエーション（アソシエーション調整常設会議など）は，「アソシエーションでの雇用」，経営者団体（UNIFED, USGERES）や大衆教育協同基金（FONJEP）とのパートナーシップ，預金金庫への供託金，雇用専門教育総局（DGEFP），社会改革・社会的経済省庁間局（DIISES）との協力を進めている．

⑥地域化

労働組合は社会的経済を地域破壊に対する解毒剤と見なしている．社会的経済は地域に根ざすもので，遠くの国や地域から活動を移入することはできないものだと見なしている．したがって社会的経済は地域開発のパートナーであり，「多数者がアクセスできるサービスを容易にする」ものだとされている．労働者協同組合は「地元」で雇用創出するものであり，アソシエーションや共済組合は「個人的ニーズおよび集団的ニーズ」を実現するものであるので，地方自治体とのパートナーとなりうるのであると．

第 5 章　公的セクターと私的セクターと社会的経済の関係　　　123

### ヨーロッパレベルの資源

　　　　　　　　　　　　　　　　J. ラペイル（ヨーロッパ労働組合連合会）

　連帯という腐植土の中に同じ根っこをもっている労働組合運動と協同組合・共済組合・アソシエーション運動は異なった枝分かれをした．しかし対立したのではなくて互いに幾分か無関心になった．矛盾しているが，これらの運動は地域的な発展に自らの力を見いだした．それは地方レベルからヨーロッパレベルに空間が拡がっていったのである．

　しかしそれほど明確に拡がったのではない．ジャック・ドロール（当時EU委員長）がヨーロッパ委員会において，社会的経済局を設立したときに，社会的経済の意味するもの，またその概念の後ろに隠れているものがあったが，それは過去100年にわたる経済社会発展史の中で無視され失われたものであった．ヨーロッパの労働組合運動は，ヨーロッパ労働組合連合会（CES），協同組合運動や共済組合運動はヨーロッパ労働者協同組合連合会（CECOP）やヨーロッパ社会的経済保険連合会（EURESA）を通じて，連帯，倫理，経済の上に人間を置くという諸価値に基づいて共同の作業を行ってきた．

　みんなが信じているのとは逆に，南北問題の裂け目というのは存在しない．各国の社会関係の文化がどうあれ，各国の労働組合と社会的経済は互いに支援しあってきているものである．国から国へと取り組みは相互的なものである．

　雇用問題，社会問題，社会保障の困難な時期に，CESや協同組合運動，共済組合運動はそのつながりを強化した．問題の領域は拡大した．2つの運動はヨーロッパの建設のためにより連帯的に社会的にならなければならない．15年も前からこの共同は多様性を増している．

　自由経済は限度を知らずまたブレーキとなる倫理もなく（企業の社会的責任という概念が乱用されたりしているが），その一方，資本に対する人間の優先という規則と価値が良きものとしてある．われわれはもはや企業を単純に拒否するということは，協同組合のレベルでもできなくなってきているのである．新しい活動とりわけ対人介護サービスなどでの展開が必要である．競争的な環境で，また補完的な経済的活動が増加しているなかで，経済民主主義の倫理が必要である．質の高い雇用を創出することはなによりも重要である．協同組合は社会的対話をし，適切な形で協同をすすめるべきである．2005年は社会的対話の20年目にあたるのである．

　また共済組合はヨーロッパレベルでは困難に直面している．共済組合の多くは，長い間認知がされず，今日不利な立場に立たされている．CESとEURESAの協同の取り組みは10年以上にわたる前進のための取り組みの一例であ

り，ヨーロッパ共済組合運動と労働組合運動との協働の現れであり，ヨーロッパレベルでの新しい解決を目指すものである．「補完的年金，勤労者基金の倫理コード」作成計画はヨーロッパの労働組合と EURESA との共同で作成されたものである．それは法律化が目指されている．ヨーロッパ勤労者基金は，労働組合と EURESA が取り仕切るのか．そうなるように願う．

### 4.3 農民組合：共生と隔たり

農業組合は，社会的経済に対しては独自の関係にある．全国農業共済・協同・信用連合会（CNMCCA）と農業開発組合全国連合会（FNSEA）同士は長いこと交流がある．CNMCCA の第 82 回会議において，当時 FNSEA の理事長 L. グヨーは，「異なる農業団体間の補完的役割」を強調した．そのために「協同組合同士の戦争や競争をやめて，農業金庫と保険共済連合会（Groupama）は一緒にやる方法を見つけて，地域で統一した活動をするべきだ」と主張した．この主張は，各農業団体がそれぞれの自律性を持ちつつ，独自の特徴を出していくことにある．L. グヨーは，「協同組合運動は，生産者の経済力の柱であり，われわれがそれを批判するのは，協同組合がなによりも代え難い共同的組織であるからである」と述べている．FNSEA はしたがって，生産協同組合，農業金庫，Groupama，農業社会共済組合連合会（MSA）と連携した農業組織である．

農民団体の連合会は，さらに遠い立場にあるが，ブドウ栽培とワイン瓶詰めの事業を行っており，大規模なブドウ栽培や養豚の協同組合の登場については批判的な態度を取っている．「生産者と公権力による協同組合の構造改変にたいして，協同組合側は農民の連帯が弱く守り切れていない」．協同組合原則が一定の関心が持たれるにしても，大規模協同組合は，農民の自律性，ノウハウ，連帯を失わせるという非難を受けている．

# 第6章
# 社会的枠組みと価値

　近年,また新しい関心が登場した.それは経済は単に商業や金融という基準ばかりで考えるのでなくて,いわゆる倫理基準や規範もあるし,さらに社会的責任や持続的発展という基準もあるということである.経済の運動もはるかな道をたどってきたのである.労働組合,消費者団体,非政府組織,株主,企業家などのさまざまな圧力が組み合わさって,次第に企業は進化して,利益目的以外に社会的責任,エコロジー,市民性さらには従業員,業者,下請けへの配慮や環境への配慮をするようになってきた.

## 1. 企業の社会的責任とその評価

　企業の社会的責任(RSE)とはヨーロッパ委員会の定義では「企業の商業活動と利害関係者〔ステークホルダー〕との関係における自主的な社会的関心とエコロジーへの関心の総体」であるとしている.したがって「たんに法律的な義務や契約的な義務を超えたものである」.何年も前から企業は社会的責任の拡大と評価方法と新しい測定方法を模索してきた.すなわち,社会的監査,環境監査,ラベル化,行動基準などである.

### 1.1　多様な評価手段とラベル化
　G.フェロヌによれば,倫理的投資の最初の形態はアメリカで登場した.それは,賭け事やアルコールなどの活動に融資することを嫌がったクエーカー教徒の共同体で登場した.これは1980年代に「道徳的」排除基準にもと

づくものとして始まり，徐々に「社会的責任投資（ISR）」という概念として固まってきた．

社会的経済はこの点では，まさに「経済」と「社会」との間で活動するというものであろう．社会的経済にとって企業の社会的責任（RSE）という目的，その存在とは切り離せないものであり，環境への関心は近年ますます深まっている．「利害関係者」という問題は企業の社会的責任（RSE）の核心的なものであり，社会的経済もこの点でも一致する．したがって，企業の社会的責任（RSE）の概念については，協同組合，共済組合，アソシエーションにとっても次第にその運動の中に採り入れられるようになってきている．同時に，営利の株式会社，金融機関など株主や所有者に対して報酬を最大化することを目的にしている会社も社会的責任の概念を採り入れつつあり，新しいその種の取り組みを採用している．

### (1) 社会的連帯金融ラベルと社会的評価

社会的連帯金融ラベル化〔金融商品〕によるような社会的評価付けは，多様な試みの1つである．連帯金融商品は一般金融機関によって，社会的経済企業に支援や補助をしようとする投資家や組織の要求にこたえるものである．社会問題や環境の問題，企業の市民化を「査定」し「評価」することが大事となっている．EU委員会は，2002年7月の文書『持続的発展に対する企業の貢献について』で，「独立の評価機関，銀行の投資部門などが基準や指標を決めて，競争に優位な要素はなにか，社会的責任企業が事業的に成功するためにはなにが必要かを見極めなければならない」と述べている．たとえば退職者投資基金は社会的，環境的，倫理的な要素を投資の際に考慮する．また投資に際して「物差し」を事業組織に当てはめて見る．このやり方は決して評価基準を画一化するものでない．投資家たちは独自の目的をもっており別々の基準をもっている．したがって標準化というものは部分的なことにすぎず，次第に異なった基準が重視されるである（ISO 14001，EMA，品質基準，労働安全基準，SA 8000，ISO 9000，OHS ASなど）．

社会的経済の金融はひとつのやり方であり，貯蓄基金，連帯基金などが慈善団体，連帯団体，協同組合銀行などと共同して行っている．協同組合銀行（クレディ・コープ）は，飢餓克服発展カトリック委員会（CCFD）と一緒

---

### フィナンソル

**連帯金融の輪の集団的発展**

フィナンソル・アソシエーションは1995年に，人権活動をしているシャル・レオポルド・マヨール財団の庇護の下，いくつかの連帯金融諸機関によって設立された．フィナンソルは連帯金融をするフランスで唯一の団体である．今日，たくさんの組織を結集している．連帯経済社会的経済の内部に連帯的な金融を強化するという使命をもち，公権力からも連帯金融セクターとして認知をされて，連帯貯蓄をより広範に市民の中で広げている．フィナンソルの会員は，連帯金融のために，連帯貯蓄を運営して，連帯貯蓄を集めて連帯的な事業に資金調達をしている．

**フィナンソルのラベルはどのようなものか？**

仲介的な金融をしているどのような組織でも，連帯貯蓄事業をするためにフィナンソルのラベルを取得したいならば，ラベル委員会に連絡を取り，書類を提出して，フィナンソルのラベルの基準に基づく認定登録を受けることができる．フィナンソルのラベル委員会は書類を受け取ると，10人の委員による審査で多数決でラベル化認定授与の有無を決める．「これまで，47申請のうち2件を拒否したにすぎない」とフィナンソルのラベル委員会委員長のG．クルトワは述べている．認定は契約となる．すなわち，ラベル取得は義務を伴う．ラベル化された貯蓄商品は，フィナンソルのラベルのロゴを付けなければならない．購入者にたいして定期的に情報を送らなければならない．また登録組織は年会費を支払う．また登録組織は，フィナンソルにたいして資金活用について報告し，フィナンソルの価値にはずれていないこと，関連資金については連帯的な活動以外していないことを示す．基準を逸脱した場合は，ただちにラベル認定は取り消される．

毎年，すべてのラベル商品は共通基準に基づいて点検される．「現在のところあまり問題はない．ラベル化された貯蓄商品はよく管理されている．監査，調査を強いて行う気持ちはない」とG．クルトワは述べている．ラベル認定には3カ月から4カ月かかる．

http://www.finansol.org

に活動している．同カトリック委員会は基金で作られた利益をアソシエーションに連帯基準，ヒューマニズム基準に合わせて，配分している．協同組合銀行は，より連帯的で市民的環境的な社会的経済の事業に対して貯蓄資金を投資している．社会的評価基準というものがまだ作られていない以前から，こうした銀行やアソシエーションによって社会的分野の活動に対して支援活動を直接行っている．フィナンソルの社会的連帯金融ラベル事業は，これらに端を発するものである．

　後に，社会的経済は倫理共同貯蓄基金を独自に作った．それはすなわち持続的開発と社会的責任の基金である．たとえば，フランス保険共済組合連合会（MACIF）増進基金はヨーロッパ社会的経済保険連合会（EURESA GEIE）とヨーロッパ労働組合連合会によるヨーロッパ的取り組みである．勤労者倫理貯蓄は別の取り組みであり，庶民銀行，農業銀行，共済信用組合，共済保険協会（Groupama）などが取り組んでいる．これらの基金は，社会的評定システムとか特別機関システムと呼ばれている．さらに，もともと社会的経済によって生みだされた基金ではなく，フランスの4つの労働組合連合会であるキリスト教労働者連合会（CFTC），管理職労働組合連合会（CFE-CGC），労働民主連合会（CFDT），労働総同盟（CGT）によって設立された独自の連帯金融ラベル化もある．

### (2)　勤労者貯蓄労働組合間委員会の設立

　2001年2月19日の勤労者貯蓄法が制定されてから，4つの労働組合連合会が交渉によって共同活動を行うことが義務化された．具体的には勤労者預金の窓口確保と，団体交渉の場を確保したことである．法律の規定によって連合会同士で「共同協定は勤労者貯蓄の実施にとって必要不可欠である」とされた．このために各連合会は，銀行に基金を管理してもらい勤労者貯蓄ラベルの商品を作り，勤労者貯蓄労働組合間委員会（CIES）によってあらかじめ決められた統一的な管理基準に基づいて管理される．またラベル化された勤労者貯蓄商品の継続や評価のために必要な手続きも定める．

2002年初頭以後，すべての金融機関に取扱書が送付されて，その基本原則が前もって知らされた．すなわち，貯蓄商品の提供の確保，投資決定のためのアナリストからの情報の多様性，社会的責任投資についての内部的責任能力の確保，監査委員会における勤労者代表の多数派確保，CIES が必要な監査をすることに対しての投票権の実行などである．2004年3月に，ラベル化勤労者貯蓄商品の数は12になった．そのうち，5つは保険共済と協同組合銀行によるものである．1つは社会的経済に近いインターエクスパンション（Interexpansion, 勤労者投資取扱機関）によるものである．

(3) 社会的評定機関

フランスで最初の社会環境評価機関（ARESE）はもともとは貯蓄金庫グループ（フランドル貯蓄金庫理事長 J.-B. シャブロル）や預金預託金庫によって作られたものである．ARESE は持続的開発指標を設定した．この機関は社会的責任企業評価機関（VIGEO）に資本投資して，株式の50%を取得して，一般株主と労働組合組織の株主との性格を兼ね備えた．

その主要な2つの貯蓄商品は，企業から依頼されたものとユーロストックス（Eurostoxx 600, 欧州株式600業種）に登録している企業の公表貯蓄商品である．BMJ CoreRating（企業評価機関）は企業からの依頼貯蓄商品を扱っているが，上場されているか否かにかかわらず，財団やアソシエーションや NGO などに対する商品評価サービスを同様に実施している．また財源集め，配分，金融の透明性確保もしている．BMJ CoreRating は非営利組織にたいしても「公開，効率，法定」という社会的評定をして，よりグローバルには「良いガバナンス」を売りにしている．その他の機関としては，「倫理金融」（EthiFinances）がその1つでこれは社会的共益協同組合である．

### 1.2 諸制度の調和をめざして

EU 委員会と同様に国際的な機関は，法制化とは別に，「企業の社会的責任」について促進すること，またそのための仕組みを支援しようとしてい

る.

　国連事務総長（コフィ・アナン, 2000年1月）は「グローバル・コンパクト」に触れ，企業や事業組織，労働組合が一種「世界的な契約」に取り組むよう述べた．彼はそこで「人権擁護」「人権侵害に戦うこと」,「児童労働の禁止」,「職業選択上の差別禁止」,「すべての強制労働の禁止」などの原則に取り組むべきであるとした．また,「グローバル・コンパクト」は管理したり強制したりするものではないと述べた．営利企業，株式会社ばかりでなく社会的経済企業もまたこの「契約」をすべきであると．

　OECDは国連組織に先立って, 1976年に企業勧告を出して1998年と2000年にも勧告を出した．この勧告は「人権尊重」,「環境政策」，企業の透明性による「腐敗克服」,「適正な競争」に触れている．またILOは当初から協同組合局を設置していたが，企業はその規模に応じて社会進歩に貢献すべきだと述べている．ILOの文書（1977）は企業の社会的責任の概念について触れた最初の文書である．これは「多国籍企業と社会的事業についての原則」と3点セットになっている．国連環境プログラム（PNUE）とアメリカのNGO（環境責任経済協力）は1997年にその「国際報告」を出した．EUは2001年7月に,「ヨーロッパ企業の社会的責任緑書」を出した．「企業が自主的に環境問題と社会的責任に取り組むことはその商業活動と取引相手との関係に結びつける」ことを求めた. 2002年の勧告の中ではさらに，企業の社会的責任の透明性と統合性を一層推進するための実践の交流と実施方法，管理基準，評価基準をつくることを勧告した．フランスでは,「新経済規制法」（2001年5月15日付法2001-420号改正）の第116条で，環境社会活動年次報告書を企業に提出させることを定めた．この法律は，会社だけでなく広く世間に影響が拡がった．

　また近年，自主的な事業組織が増加した．社会的経済法人はその有力なものである．もともと社会的経済企業は社会的責任の基準を持ち，企業の持続的発展を行うもので，今日社会的責任企業として位置づけられている．実際，消費者のニーズに応えて，社会的排除された人々むけの活動もしてお

り，協同組合，共済組合，アソシエーションはその「社会的有用性」をいつも強調している．EU委員会は，「協同組合，共済組合，アソシエーションは長い間，経済的生存力と社会的責任を結びつけることをしてきたし，利害関係者との対話や参加的経営を重視し，企業にとって大いに参考になる」と述べている．EU議会における社会的経済関連グループは，「持続的発展のためのすべての企業モデルを示すこと．グローバル化へ対応してどのようにモデル化するか，資本主義企業モデルへ一本化することにどのように対抗するか」と述べている．また社会的責任企業の基準の単純な適用ではなくて，社会的経済企業にとっての価値，原則，目的が議論の先導という役割を果たすことができるし，しなければならない．

## 2. 取り組みの状況：社会的会計

なによりも社会的経済の特徴のひとつは企業の社会的責任を重視することにあり，それを効率的な仕事を保障する道具としようとしていることである．

協同組合，共済組合，アソシエーションは実際に「より社会的」なものであろうか？　ヨーロッパをはじめ世界中で企業の社会的責任について異なる法律がある．社会的経済企業も最初は慎重であったが，今は積極的に取り組んである．フランスでも労働者協同組合連合会は1907年に設立されて以降，決して経済利益を上げるだけではなく，協同組合で働く労働者の参加や社会的問題にも取り組んでいる．社会的経済は今日「国際的な影響力」をもつ企業組織として評価されつつあり，社会的経済セクターの内と外でもとくに環境問題などでパートナーシップが進んでいる．人的結合組織についていか悪いかをどう考えるかは協同組合，共済組合，アソシエーションの場合，お金とは別の価値を重視するということであり，それは組合員や従業員やその他パートナーなどを含む社会ということである．イギリスの協同組合保険会社（CIS）の文書でも次のように述べている．「われわれはなにより

も協同組合であり，市場にいるありきたりのアクターではない」

### 2.1 起源と定義

社会的経済はいわゆる「社会的会計」と呼ばれるものの推進に努力してきた．3つの事業組織形態が「社会的会計」のもともとの起源である．

- イタリアの保険会社ウニポール．これは株式会社であるが，協同組合と労働組合が所有しており，またフランス保険共済組合連合会（MACIF，MAIF），ベルギーの協同組合保険グループ（PV）も参加している．ウニポールは，10年以上も前にE.マッツォリの主導のもと，「社会的会計」のパイオニアである．
- イギリスの協同組合銀行と協同組合保険会社（CIS）．これは，協同組合グループの中で「社会的報告書」を積極的に推進し，その中で「統合的責任プログラム」や「社会的，倫理的，環境的」という言葉を使っている．
- フランスの社会的経済青年企業家センター（CJDES）．これは企業や自治体事業体などを含むもので，「社会的会計」を採用している．主としてフランスであるが，ヨーロッパの各国でも実施している．

CJDESの定義によれば「社会的会計は，企業がその事業形態を再検討するためのものであり，人間的，社会的，エコロジーの課題を実現するためのものである．社会的会計は組織構造や監査の改善ばかりでなく，企業のさまざまな資源を社会的会計として評価して，社会的経済の活動者や専門化の評価を採り入れて実施するものである．社会的会計は，会社が倫理的な問題に取り組み，企業の機能が持続的に発展できるように再編するものである．社会的会計は市民の新しい関心を引き起こして環境問題，男女共同参画問題を重視して，財やサービスの質を高め，持続的発展を目指す」．

### 2.2 社会的会計の目的

第1の目標は「経営的」ということである．協同組合，共済組合，アソシ

エーションがその多元的目的性をどのように達成するかが問題であり，また市場の中で剰余金を出すことの意義を明らかにすることが大事である．その手段は普通の上場企業が使う方法と同じであり，また公共事業体が企業の社会的責任を気にしているのとも同じである．イタリアのウニポールの経営陣が使った方法は，社会的会計であったが「独自のガバナンスによりその責任を明らかにする」．イギリスの協同組合銀行は社会的会計を「組織的管理的なてこ入れ手段」としている．第2の目標は，企業の活動者とパートナーたちとの協働である．イギリスの協同組合銀行は，たとえば，協同組合関係者，利用者，従業員，納入業者，地方自治体，市民団体などに協働を訴えかけている．第3の目標は，企業の透明性の強化である．企業は，事業内容を総会で提示するが，それは金銭面だけの報告ではない．最後の目標は，以上のことがらと関連するのであるが，社会的効率性，市民的効率性，環境的効率性を改善させることである．協同組合，共済組合，アソシエーションはしたがって自らの付加価値を高めることになる．

### 2.3 特徴
#### ①実践的な特徴
　社会的会計は限られた範囲での検証された実践的な道具である．フランスでは一定の結果を得ているが，ヨーロッパの多くの企業でも社会的会計が実践されている．たとえば，社会的経済青年企業家センター（CJDES）では，「重要指標」を社会的会計の中にどのように体系的に組み込むかを検討している．フランス保険共済組合連合会（MACIF），フランス教員自動車保険共済組合連合会（MAIF），ブルターニュ地方の労働者協同組合の一部は，フランス農業協同組合連合会（CFCA）また農業共済組合との社会的会計の協定を行っている．

#### ②質量の発展
　「評価基準」枠組みに対する問題がある．一部の団体は，量的な内容を明確にするためにも質的な取り組みを始めている．たとえばイギリスの協同組

合銀行がそうである．協同組合や共済組合の一部は，「基本指標」を社会的会計のなかに体系的に組み込んでいる．協同組合銀行は社会的会計の中で従業員（年間教育日数），利用者（年間の苦情数，電話での回答数），環境（リサイクル紙の量），組織的権利（総会参加率）などを掲載している．

③パートナーシップの評価

社会的会計は最初から単純な評価を目指している．異なるアクター同士の比較が容易になるような形を目指した．異なるパートナーたちに対して縦横に評価できるように，誠実さ，透明性，正確さの項目をもうけた．また，その他評価項目も重要である．ウニポールの社会的会計は，たとえば，KPMG（国際評価監査機関，スイスの本部は協同組合である）による市場評価を使い事業の安全性，パートナーシップの現状，誠実評価などについて，「グローバル報告書」ガイドに基づく評価を行っている．

社会的会計は，財やサービスを生産する企業もその中身を知ることで，企業のあり方にも影響を与えている．内部民主主義，より広義には，労使関係についてのあり方は「民事会社」と類似したものがある．また，協同組合銀行は，社会的会計による分析によって，その収益配分内容を改善して，社会的問題や環境問題を重視して，協同組合的価値の普及を行い，また社会的連帯組織への支援を行っている．最初の社会的会計によって，MAIFは障害者問題の支援と，リサイクル紙の活用を進めた．

協同組合銀行が2001年報告書に「我々の影響力」と名付けたのは偶然ではない．これは社会的会計が企業の未来を良くするのに役立つという考えからである．協同組合銀行にとっては，異なるパートナーたちが社会的会計という新しい尺度を使って，他の企業と比較することで，少しずつではあるが，将来に有意義なものに変わることである．社会的会計を採り入れた企業は，事業の先行きの判断ばかりでなく，対話による決定も可能にする．こうしたことで企業は持続することができるのである．

第6章　社会的枠組みと価値　　135

> ### フランス教員自動車保険共済組合連合会（MAIF）の社会的役割
>
> 　MAIF の社会的会計は，外部監査を受けている．CFIE（フランス企業情報センター）は監査により MAIF の4つの点を強調している．
> 1.　活動家と従業員が助け合っている組織である
> 　組合員が MAIF の組織的中心である．組合員代表は総会や運営委員会で活動する．また組合員は地域でも県代表などとして活動し，従業員と協力しあう．MAIF はその独自な組織に基づき，社会的経済として，組合員むけサービスの向上を図る．
> 2.　倫理的価値と経済的効率性の均衡を常に追求している
> 　MAIF は営利セクターに参入し，競争をして，品質と価格のバランスを目指し，自らの価値を守り，保険における人と連帯を尊重する．
> 3.　保険の品質と実践の強い結合
> 　組合員に対する質の高い保険サービスを重視している．共済組合における組合員と従業員にたいする情報重視により予算，法律遵守，労働条件を明確にしている．
> 4.　自然環境重視政策
> 　CFIE の監査報告によれば，生物学的環境に対する経済活動の影響にたいして持続的発展を目指し，MAIF の責任を欠かせないものとしている．

## 3.　予算，評価，ラベル化の組み合わせ

　M. カプロンと F. ケレルが強調しているように，予算，評価，ラベル化の組み合わせは，どの企業組織形態にとっても役立つものであり「経済と社会の関係を再定義」するものである．これらは社会的経済にとって不可欠なものである．社会的会計と社会的評価はワンセットであり，社会的会計は社会的経済が本家であり，企業活動のグローバル化に関係する．社会的評価は契約文化にとって重要であり，それにより「顧客はなにを望むかを決める」ことができる．社会的会計は同一性（すべての企業にとっての問題）を重視し，それに基づき顧客による社会的評価が決まる．社会的会計は，企業組織の比較を可能にする．この比較は社会的評価によって容易になる．今後さら

にこの組み合わせの深化が望まれる．

## 企業の社会的責任と社会的会計

M. カプロン（パリ大学）

　企業の社会的責任は一般に持続的発展に貢献するものと見なされている．それは企業が経済的効率を保障しつつ，人権を尊重し自然環境を尊重して実現するものである．またボランタリーセクターによっても，企業の社会的責任は，人材評価，経済的社会的ネットワークを増加させ，自然環境保護のための役割を果たすものと見なされている．

　それは企業の経済評価すなわち収益と切り離せない．年間財政報告では社会や環境に対する計画を「どのように実践するのか」，「どのように貢献するのか」計画を示している．

　社会的経済青年企業家センター（CJDES）の社会的会計は1995年から開始された．400項目にわたる評価項目に多様なアクターの区分を組み合わせたものであった．

　フランスの社会的会計は，企業による社会的問題や環境問題に関する情報分析も含まれるようになった．しかし社会的会計の最初の目的は，企業活動全体の外部（企業またはその他組織）との関係を「報告」するものであったし，関係する活動にはどんなものがあるのかを示すことにあった．

　評価方式は多様な当事者の質問回答と目標化と組織内外との対話に基づくものである．

　外部の者を含めた者による回答分析は，「社会的にどう見えるか」という企業戦略（長所，短所，リスクと機会），事業活動のための緊張，ジレンマ，選択の問題を探るものであった．それは決定のための透明性を高め，対話を行い，利害当事者との調和を図ることである．

　したがって，社会的会計は組織の社会的問題，環境問題に対する戦略の核心をにない，他の当事者たちも管理に参加することができるように強調する場合もある．従業員やその代表者が企業において合法性を獲得するということがこれまではすくなくともヨーロッパではあったが，さらにたとえば業者との対話を進めることや顧客の意見とか関係をどうするかが重要である．「社会的責任マネージメント」という新しい方法の最新の取り組みであることは間違いない．

　こうしたやり方の独自性は，また，管理形態の基準となる評価システムにも現れている．評価は経済や金融の効率に関する通常の基準をなぞるものではない．それは「行動の論理」の多様性を認める基準を作り出すものである．組織

が自らその活動の中でどう機能するかを見つけ出すものである．すなわち，社会的有用性，連帯，共生，品格などである．たとえば伝統的な基準に引きつけてみると，医療，社会保障，保健予防と健康安心など一連の多様なあり方を重視する視点である．これらの基準は，社会的経済の諸価値とも合致するものであるが，民間企業にも公的企業にも適用可能なものであり，さらにはアソシエーション，地方自治体といった組織にも適用可能である．というのも，今後こうした問題はどんな組織にも無縁ではないからである．

　組織が，自主的対話や多様な評価を自ら実行することを考えなければならない状況にきている．外部から関与者の導入もまた考慮に値する．一部の組織は，社会的責任を行動の指針としてまたボランティアを社会的会計のなかで配慮しようとしている．また集団心理的なものがあることも否定できない．それは組織的な動揺を生み出すかもしれない，つまり，社会的会計により，問題が発生して，困惑や疑問が生じる場合もあるが，結果としては論理性や事業の発展につながるものになるであろう．

# 第7章
# 新しいダイナミックな挑戦

## 1. 6つの挑戦

　企業と組織が新しい挑戦をしているのに対して，社会的経済もまた別のやり方で挑戦している．協同組合，共済組合，アソシエーションの原則は，それらの組織がある分野においては非常に重要であること，個人や社会的グループの新しい試みにとって一般的に注目を浴びつつある．その取り組みはこれまでの章で示してきたが，さらに6つの挑戦について示す．

### 1.1　新しい「ニーズの論理」の登場
　個人は，社会から疎外されたと感じたときには，社会に馴染もうと考え，主体的な役割を取り戻そうとし，次第に「具体的な」ことや緊急なことがらの中から，もっとも必要なサービスやモノに取り組もうとする．このように，人は経済や社会や市民活動の中に自己を再び位置づける．人が活動する社会的経済の「伝統的な」活動分野にはすなわち，社会的弱者の社会復帰，医療，低家賃住宅な活動があり，またより「新しい」活動としては，保険や金融などの分野がある．社会的経済において新しい関心を持たれている分野としては，2つの事例を挙げることができよう．

　「現代」の問題は，個人が生活を豊かにしたいというより新しいニーズが増大していることである．社会学者のフランシス・ゴダールによれば，「1週間」は「3つの側面」からできている．ゴダールによれば「これからは，

土曜日と日曜日は休養，火曜日と木曜日の2日間は一所懸命に働く，月曜日と水曜日と金曜日は別の活動が決まっている」．この最後の側面については市民が関われるような設備や組織が広がっている．もしそうした伝達手段が整備されていれば，個人や集団の活動が発展して，新しい重要なものが出てくる．すなわちある種の公共性である．さらに連合や協同が共通手段を提供するし，社会的な時間をもたらす．

アソシエーションや協同組合も「時間」したがって「サービス」の交換ネットワークのための事業組織を開花させるし，個人を開花させるために，個人や家族が共同的な形で組織されることを助ける．しかし，このような時間の能力の共同化は単なる流行にとどまるものではない．これらは福利のためのネットワークやサークルによって実行されて，社会的つながりを作り出して統合化へと進もうとする．ボローニャ大学のローザ・アモレボレは，それを「相互扶助の建設的関係」と名付けている．これはイタリアの協同的な時間銀行に触れたもので，女性たちによって設立されたものである．それは地域通貨システムや知識の相互交換ネットワークと似たものである．このイタリアの先進事例に刺激されて，フランスの社会的経済は，時間協同組合というアイディアを打ち出した．これは「時間通貨」によるサービスと社会的関係を組み合わせたもので，連帯活動のくつろぎの場である．実験としてのいくつかのプロジェクトがあるが，社会的経済は，なによりも，そうした新しい挑戦に応える場所に対しては，貢献しているというにはまだほど遠い．

別の事例は，より国際的な支援の多様化をもつより広範なコミュニケーションや出版にかんするものである．新しい技術は，すでに投資の対象となっており，情報，サイト，ゲームなどで制度的管理の一部や経済的「闘争」の一部になっている．しかし，金融手段の集中という現象は出版・ジャーナリズムの組織の多元性を減らしつつある．しかしまたラジオやテレビも多くの国で，対話型コミュニケーションをもたらしつつある．

また最近の個人サイトの「ブログ」の登場は，個人の意思の発表や交換を

可能にして，これまでの企業による決められた方向と形式という技術を凌ごうとしている．こうした動きは，次第に組織化されて，今日多かれ少なかれインフォーマルなネットワークを作り出している．一部にとっては，空間と時間の境界を越えたバーチャルな連合（アソシエーション）といったものを作りだしている．伝統的なアソシエーションには，NGO，連帯アソシエーションや文化アソシエーションなどがあるが，これらも新しいインターネットの世界に取り組もうとしている．バーチャルコミュニケーションの発展は，組織のメンバーや相手との枠組みを越えて，流動化をもたらし，一時的であれ，ある目的のために，グローバル化した枠組みを作り出す．

しかしながら，社会的経済はすでに出版セクターで一定の成功例を持っている．『クーリエ・ピカール』（労働者協同組合の雑誌）は，地域週刊誌であり，『経済オルターナティブ』（労働者協同組合）という雑誌も創刊されている．また連合ラジオ（自由ラジオ全国協会）を設立している．しかし，今のところ，民間大手の株式会社や，ときには公的機関にその分野は占められている．社会的経済の取り組みは，まだ十分ではない．テレビの分野での事業

### フランスにおける「.coop」の取り組み

「E-トワル（星）」は新しい技術情報コミュニケーションの協同組合で，2002年4月30日にアメリカのDotcoop LLC社と協定して，フランス，ベネルックス，スイスなどフランス語圏において「.coop」の電子名を使用することになった．インターネット協同組合のラベルである「.coop」は協同組合や協同組合グループが使用することができる．フランスの場合では，15種類の協同組合連合会が加入している全国協同組合連合会（GNC）がその使用権を持っている．

電子Coopマークによって協同組合イメージは広がっており，普通の協同組合も電子マークを使うことは可能である．
・.coopは.comとはにているけれども違うものとして認められつつある．
・したがって協同組合を一般に認知させることができる．
・協同組合の名前の悪用乱用を避けることができる．
　www.nomdedomaine.coop

組織は，カナダで取り組まれている実例があり，フランスでいくつかの試みがなされているが，不十分ですぐつぶれてしまう．アメリカの協同組合は，ハイパーテクノロジーとハイパーイントラアクティブのコミュニケーションという新しい世界を切り開きつつあり，全世界で利用できる「ドット・コープ .coop」を作り出した．その他が作り上げたインターフェースは，まだ手がつけられたばかりであるが，社会的経済と自由ソフトウエアとの間での共同相互支援が進められている．

### 1.2 財とサービスへのアクセス

財やサービスに対する新しい「アクセス性」が生産の再配分において大きな「公正性」と共に要求される．リフキンは「アクセスとネットワークの概念が次第に重要になっており，われわれの社会に前進的な変動を与えており，所有と市場の概念は，現代化しつつある」と述べている．2つの運動が結合している．すなわち，富を生産者と消費者の間でより公正に再配分することである．そのために社会的経済は，（第4章を見よ）重要な役割を果たしており，企業，流通業者，利用者と結びついて，それぞれの目的実現の最適化を進めている．このことは今日，生産者，金融業者，利用者，研究者の「ネットワークのネットワーク化」の現象として現れている．効率性の概念は代わりつつある．それは単に社会的経済内部での効率性の問題だけではなくて，その独自の方法や手段の近代化の問題となっている．公正取引は社会的経済において効率性をどう近代化するのかの問題となっている．

### 1.3 新しい「社会契約」または「社会的協定」

UNIOPSS（民間保健社会サービス機関全国連合会）は2005年の会議で「社会的協定と民主主義」をテーマとして「今日われわれは，グローバル化の中で，社会的責任を持つ組織として，戦後，社会の発展システムのために十分にしっかりしたものを作り上げてはいない」と述べた．社会は，今後分裂したものになり，個人を重視し，社会自体をいささか軽視するものになる

かもしれない．危機の拡大する前から，個人は長い歳月，自主性を追求して，自己実現の道を見いだし，経済の圧力の下，転換に揺れうごかされながら，自らに応えようとする．この社会の個人化の印は多様である．すなわち，政治組織や労働組合に対する無関心，失業者が「団体交渉」することの困難さ，伝統的な家族形態の弱化（離婚の増大，核家族の増大）など．自主性の追求は，しばしば，非常に過激になることがある（たとえば，企業倒産の場合）．そして旧来の社会的絆を弱めたり壊したりする．一方，社会的経済は，常に，これらの絆を強化しようとしている．他者を信じることである．また直接的には，その主体性に呼びかけることである．たとえばもし医療共済組合が再編される場合，個人や団体の加入者の一部が離反しないようにして，公的セクターの社会保障制度の危機を回避するために「補完的な」役割を果たしつづけることが望まれている．同時に，医療社会サービスの非営利機関は，常に社会的安定のひとつの柱になっている．社会的保護と人材の源になっており，また財政的な裏付けも確保している．共済に対する個人の信頼，また非営利・協同組織に対する信頼は個人，家族によるばかりでなく，国家や地方自治体においても強まっている．社会的経済は，したがって，個人間，個人と団体間での固い結合のあらわれであり，さらには失われつつある「社会契約」の新たな形の復活なのである．

### 1.4 「勤労者と消費者の参加」を求めて

前章で示したように「主体的消費者」が登場し，近年その重要性は増加している．資本ばかりでなく情報の重要性が強調されている．現在，主体的勤労者も現代の最先端である．社会的経済はそこでは，企業評価を参加の度合いで見ている．そうした企業のあり方を「大衆化」して企業づくりや参加者作りを簡単にしなければならない．生産協同組合連合会は，民主的企業の定義を試み，新しい経営概念や役割と富の公正な配分のための生産手段の自由な共同化を示している．

### 1.5 研究の連帯

今日，研究の保障は，次第に地域や国境を越えて連帯しつつある．社会的弱者の労働参入アソシエーション，地区事業組織は，国際NGOと同様に，長い間，そうした役割を果たしてきた．しかし，連帯はさらに貧困や社会的排除に対しても進んできている．発展途上国でも同様であり，連帯原則は，グローバル化しつつある．社会的経済の「連帯」は，したがって，地域の事業組織を通じて発展しつつある．しかし，同時に，次第にそうした分野での企業の経営における連帯が進みつつある．たとえば共済組合では，「コールセンター」の分散化をあえてしない．MACIF（フランス保険共済組合連合会）は，聴覚障害者のために「聴覚障害向けMACIF」を設立して，特別サービスを行っている．スウェーデンの「FOLKSAM」協同組合保険会社も同様に「移民コールセンター」を設置している．

### 1.6 「社会性」の登場

また次第に企業を設立して経営する困難さは増しているが，すべての事業家は社会的関係の外にいることはできない．第5章で示したように，社会的経済は社会のある領域において新しい役割に応えるものである．将来において社会的経済の挑戦が重要な鍵となる．

## 2. 社会的経済を強化する方法

このような挑戦のため，社会的経済は今からすでに，新しい活動形態や共同の発展を強化するための組織化を計っている．5つの事例がある．

### 2.1 ガバナンスの現代化

社会的経済の原則の効果的な適用としては，協同組合，共済組合，アソシエーションのマネージメントとガバナンスという特別な形態の適用がある．保険共済組合と協同組合保険の最近の事例では，それぞれが強調しているの

は，「人的会社」であることで，独自のガバナンスを適用していることである．ジェラール・アンドレクの報告書『民主主義，共済組合のガバナンス原則』や農業協同組合連合会（CFCA/Coop de France）の見解では，この種の企業の特殊性を次のように強調している．
- 民主的機能：選出した者に対する信頼，決定は「議論と説明の結果」であり，「共同的」な組織であり，「統一を保障する役割としての」運営委員会と総会を重視する．
- 「節度あるガバナンス」は，「構成員または組合員の多様性をうまく反映したもの」であり，組合員とは「利用者でありまた顧客であるという」構成員としての二重性を持つものである．
- 「金融化」しない組織である．それはまさに人的会社であり，資本主義的企業でないということである．

社会的経済はその挑戦をするために，マネージメントのあり方の現代化をしなければならない．また，GEMA（保険共済企業団体）や Coope de France のように，非常に統合化した形で，経営陣重視のガバナンスを強化しなければならない．より一般的には構成員によるガバナンスであるが，そのためには情報の周知や，従業員の参加，「構成員や組合員の共同」の制度化が必要である．結局，共済組合や協同組合の「組合員」の使命のあり方が問題であり，社会的会計のような道具の活用が重要である．

### 2.2 教育研究の重視

ガバナンスの現代化にくわえて，社会的経済はその将来の活動家の発展を促進しなければならない．なによりも従業員の教育訓練の内部モデルをつくることである．それは個人の開花という社会的経済の原則にそったものである．生涯専門教育に関する法律と関連して，社会的経済の4つの分野は最近，全国大会で決めたことは，教育訓練制度を作ることである．在宅介護分野，社会的ツーリズム，共済組織，医療の分野で実行されている．労働者協同組合連合会と各労働組合連合会は FormCoop という共済基金を立ち上げ

## 必要な道具

　　　　　　　　　　　　　　　　　　J.-C. ドティユ（CEGES）

　社会的経済は，経済的社会的活動のあらゆる分野に関わっている．たしかに，ヨーロッパでは1990年代に協同組合などの営利化の動きがあって，社会的経済組織が困難にあるとの証拠だという議論があったが，一方，40年間の共産主義体制にあったヨーロッパ地域では社会的経済の見直しが進んでいる．なによりも，イギリスの「ビルディング・ソサエティ」の転換や，東ヨーロッパ各国の社会的経済政策の欠如が見られる．いずれの場合も公益性と個人的利益の分裂が見てとれる．

　革新や創造性という言葉に加えて連帯経済についても社会的経済は継続的な発展をすすめたが，あまり理解されていない．だから協同組合の成功が世界的にもヨーロッパ的にも重要である．

　フランスの協同組合銀行がフランスの銀行業界を支配していることやポーランドでも同様であることは，偶然ではない．伝統的な銀行は，外国の大銀行に占められており，協同組合銀行や信用組合は，人々の銀行という目的に応えて成功したものである．最近のイタリアの銀行で社会的経済的な2つの組織とは，ロディ人民銀行とウニポールである．乗っ取り屋や外国銀行や資本家たちの攻撃に対抗している．

　新しい財政手段と新しい定款，新しい目的が検討されつつある．いくつかのやり方の中の1つは「道具箱」と呼ばれるものである．改良されつつあるが，次のようなものである．

- 不要な規則の廃止．たとえば，フランスにおけるアソシエーション名称義務．
- 障碍の軽減．社会的共益協同組合の発展のために，証明書類なしの同意措置．
- 金融優遇措置の導入．協同組合の場合はそれがある．ヨーロッパ協同組合推進委員会により，協同組合の「普及」を目指したもので，社会的経済企業の財政規則として，たとえばフランスでは，税制優遇があるが皮肉にも「免税特例」を受ける一般企業よりも税が高くなる場合があるので，協同組合が常に利用できるものでもない．

　いずれにせよ，なすべき経済的社会的な貢献を示すためのそれらの企業の特殊性が認められている．公権力に対してはともかくも社会的経済の財政のあり方を認知させる必要がある．フランスでは少なくとも財政制度はそれなくしては発展しないだろう．自主財源は，将来の挑戦の証であるが，それは単に金融

ノウハウの問題ではない．
　本質的な点は，社会的経済諸組織の間での資源のよりよい動員である．また1983年に社会的経済研究所が設立され，現在規模が2倍になっていることにも現れている．今日，共通認識や方法の共通性もでてきて，市場第一主義による規制もあり，利潤第一主義や自助も声高に言われているのである．
　いくつかの事例
- ヨーロッパ協同組合銀行による「宣言」の価値と独自性の認知．とりわけ連帯的な活動に従事していること．
- 「在宅介護券」や「ノールバデカレ県連帯金庫」などを社会的経済のアクターの中に取り込んでいること．
- 協同組合銀行や東欧支援共済組織による「Coop-Est」の設立．東欧諸国の社会的経済発展支援．
- フランスの協同組合銀行による，アソシエーションとの共同によるマイクロクレジット支援．
- FEBEAによる連帯金融をヨーロッパ各国による展開．
- 協同組合，共済組合，アソシエーションがまとまってブールー法の計画に従って対人社会サービスの担い手を作り出すこと．

　これまでも，いろいろなアクターが個別に事業に取り組んできたが，これからはお互い影響しあって課題に取り組み，金融的な改善が定款上でも容易にし，活動を継続すること．
　この運動は，知識労働においても共通の傾向が明らかに見られる．より効率的なものとして人材と資金調達が不可欠である．
　今日協同組合銀行がヨーロッパでグループ化しており，「ロビー」活動を行い，ヨーロッパ協同組合法による協同組合づくり，またフランスではCEGESが再編され，ブリュッセルにはCEP-CMAFの本部が置かれ，新しい「モンブラン社会的経済会議」なども開催されてきている．
　社会的経済の指導者たちは，競争社会における労働の問題，資源の確保，価値の再確認，将来の見通しなどについてしっかり考えなければならない．

て，労働者協同組合の従業員教育の財源を確保した．

　何年も前から，社会的経済は，大学や研究機関とりわけ教育機関との連携をしている．そのために社会的経済研究所がCEGESの前身であるCNLAMCAにより設立され，以後活動している．まだまだこうした活動が十分ではないにしても，社会的経済の研究者のリストを作成したし，社会的経済にかんして大学と研究者との交流の場である「人類科学の家」も設立す

るきっかけともなった．内部的な教育のほかに，連合会やグループによる大学，高等教育機関における社会的経済の企業講座を行い，社会的経済の新しいアクターに対する一般的な関心を増加させている．

逆に，みずから起業することや企業の発展に革新的に参加するという専門的な研究分野において，社会的経済に対する関心は不十分である．農業協同組合や保険共済などばかりでなく，社会的アソシエーションも自らの革新を進めているが，効率的な「理論と実践」のあり方を求めている．

### 2.3 国境を越えた協同の必要性

社会的経済のリーダーたちが集まる多くの国内ネットワークがある．しかし，特定問題のためであったり，共通の政治的立場を確認しあう場であったりすることも多い．それに同じ分野の集まりであることも多い．国際的な集まりも重要であるが，同様に，分野別の集まり（協同組合，共済組合，NGOなど）が多い．たとえばICA（国際協同組合同盟）も国連からも協同組合の役割を認知されている組織である．一方，国際的に，協同組合・共済組合・アソシエーション・財団などの社会的経済の分野を超えて集まるネットワークは存在しない．そうしたネットワークができれば，社会的経済の方向にとってまた各分野のあり方にとって決定的なものになるであろう．

こうした中で，「実践情報や違う点の交換に的を絞り，社会的経済の基本的価値を考えて共通の定義を探る」ことの必要性が生まれている．これにはCJDESがフランスの旗振り役となり，MACIF，シェク・デジュネ（小口貸付機関），協同組合銀行，ヨーロッパ全域で活動しているESFIN-IDESなどが集まった．実際この「世界フォーラム」は社会的経済の幕開けでもあるが，まだその展開は十分とはいえない．ダボス会議が開催されたが，社会的経済に関心を持たれるにはほど遠かった．2004年4月，フランスのモルザヌにアジア，南北アメリカ，アフリカ，ヨーロッパから約60名の代表が集まった．この会議は「モンブラン会議」と名付けられ，互いの交流と多様な協同の可能性を探ったものである．参加者は協同組合，共済組合，アソシ

エーション，財団などの活動家であり，社会的経済の概念の統合化を議論し，グローバル化や実践上の困難などについて議論した．モンブラン会議では社会的経済を「現在と未来に対する持続的な構造的な対応であり，市場経済において参加し展開するもの」と位置づけた．

　モンブラン会議の参加者は，社会的経済の役割についての多くの事例を示した．貧困や社会的排除に対する戦い，社会的統合のための戦い，基本的人権の問題，雇用問題，人々が財やサービスをより活用できることなどが含まれている．とりわけ医療，地域通貨，金融，自己資金調達，年金基金，勤労者貯蓄，雇用創出，企業評価（社会的会計，比較基準など）についてである．また共同の行動の必要性については，社会的経済の企業運営を含めて国際的な分析や意見交換の必要性があることを確認した．

### 2.4　国際連帯の必要性

　国際化はすでに始まっているし，いろいろな分野での協同組合の役割はILOによっても強調されているし，国連決議で示されている．国連決議第58/131号は次のように述べている．「協同組合が社会サービス，女性の役割，食品流通，住居問題，持続的発展の分野で果たしている役割は重要である」．発展途上国の協同組合とそれに協力するフランスやその他の先進国の協同組合は長年一定の関係を築きあげてきている．それは共済組合の分野でも同様である．ICAによれば「公正なグローバル化」と「すべての人に機会を作り上げること」である．たとえばフランス共済組合連合会は，「世界共済」というNGOを設立して，人道，医療，社会サービスの分野での活動を行っている．フランスの協同組合とりわけ協同組合銀行は，地域のマイクロバンクの多様な形態を支援し，他の分野と協力し，さらにその役割は重要性を増している．発展途上国の人口の80％と中進国の人口の多くは，最低限の金融サービスさえ受けることができない．

　F. クールザンは社会経済会議報告の中で次のように述べている．「発展途上国に対するフランスの貢献」として，地域での企業増加のため，また社会

運動を支援するものとして社会的経済企業が重要であるとしている．またJ. ドゥフルニ他『南北社会的経済研究』では，「国際協同が2国間，多国間で必要であり，今日，発展途上国では社会的経済の発展支援が重要である．ひるがえって，社会的経済は国際協同の再活性化に貢献しているのである」と結論づけている．貧困，飢餓，識字運動，エイズなどの病気との闘い，地域開発は今広がりつつある．

## 2.5 国境を越えた社会的経済の金融づくり

社会的経済が国際的な金融に対応できるレベルではないにしても，協同組合銀行や金融機関，共済組合があり，地域のマイクロバンクの試みがある．社会的経済における金融の統合がないにしても，フランスでは協同組合銀行がマイクロクレジットを支援していて，ヨーロッパに広がりつつある．また社会的経済連帯経済局の目的のひとつは社会的経済組織同士をつなげることにある．協同組合銀行の社会的経済にたいする国際的戦略もまだほとんどない．保証制度や国際的金融金庫を作るといった点でもまだまだである．こうした戦略は，より具体的な協同協力の計画がないと難しい．したがって，商業や金融のネットワークは，社会ネットワークや市民ネットワークと同様に社会的経済が目指すべきものである．フランスの社会的経済のアクターたちは，ヨーロッパ各国の同類とともに東欧支援協同組合のコープエストやFEBEAなどのようにさまざまな支援組織をつくっている．

# 結論

　社会的経済は，20世紀に発展してきたし，その構成要素がまとまる道筋を探り，再定義化をして，ヨーロッパで展開してきた．また発展途上国の問題や先進国における新しい貧困問題にも取り組んできた．いろいろな分野，とりわけ金融分野でのあり方，社会的問題や労働組合がかかわる問題，地域の新しい課題や政策にも取り組んできた．協同組合，共済組合，アソシエーション，財団その他の人的結合団体は，21世紀に向けて組織化を進め，従来型や新しい型の人間主義的な活動と市民的な社会規範にもとづき進めてきたし，グローバル化についても徐々に促進させている．
　社会的経済は，ベルリンの壁崩壊後の状況を乗り越えてきたのであり，したがって「特殊な考え」だとみなされるべきものではない．連帯と民主主義，そして環境問題などの現代的課題への取り組みなしには経済と成長はないことを社会的経済はこれまで以上に明らかにしているのである．

## 付録1
## フランスの団体，連合会

### I. 全国・地方組織

**1. 全国組織**
● 社会的経済企業グループ会議（CEGES）
　2001年10月設立．CEGESは社会的経済の経営者団体の全国組織と地方組織がグループ化したもの．情報交換や調整などを行う代表機関．社会的経済の共通問題の研究調査や諸活動を行う．
　フランスの社会的経済の4大部門が集まる．
　・全国協同組合連合会（GNC）
　・アソシエーション調整常設会議（CPCA）
　・保険共済企業団体（GEMA）
　・フランス共済組合全国連合会（FNMF）
　さらに全国教育協同組合共済組合事業調整委員会（CCOMCEN），社会的経済財団協会（ASFONDES），社会的経済地方会議所（CRES）全国協議会，社会的経済経営者代表会議など．
　www.ceges.org

**2. 社会的経済経営者団体**
● 社会的経済事業者団体連合会（USGERES）
　1994年に職業教育基金管理のために設立．社会的経済の経営者の各職能別団体をとりまとめ代表する組織．2001年3月から2004年3月にかけて，USGERESは新定款作りを行った．現在，アソシエーション，協同組合，共済組合の各団体の23の社会的経済経営者団体により構成される．職能別には12分ある（在宅介護，社会サービス，文化活動，協同，住宅，共済，スポーツなど）．
　Email : usgeres@wanadoo.fr
● 非営利保健社会医療事業者団体連合会（UNIFED）
　1993年6月15日に医療，社会医療，非営利社会サービスなどの経営者団体により設立．民間病院介護施設連合会（FEHAP），癌センター全国連合会（FNCLCC），適用障害母子施設アソシエーション連合会（SNAPEI），保健社会サービスアソシエーション全国連合会（Snasea），非営利保健社会サービス機関連合会（SOP），フランス赤十字などが加入．

## 3. 省庁間組織

● 社会的経済各省間代表機関（DIES）

1981年以降，政府が変わってもDIESは継続された．これは，青年・スポーツ・アソシエーション省の所管である．DIESは改組されてDIISESとなったが，公権力における社会的経済の仲介的な組織である．DIESは協同組合，共済組合，アソシエーションの発展という使命を持ち，それらに関係する各省庁の活動を調整する役割を持つ．

www.jeunese-sports.gouv.fr/vieasso/dies.asp

## 4. 地方・地域代表組織

● 社会的経済地方会議所（CRES）

1969-1970年に設立された．当時は「協同組合地方グループ」（GRC）であった．1980年代後半に，「協同・共済地方グループ」（GRCM）となり，それから「協同・共済・アソシエーション地方グループ」（GRCMA）となった．その後これらの地方組織は社会的経済地方会議所を作った．現在では26の社会的経済地方会議所がフランス全土にある．社会的経済地方会議所は社会問題を取り扱い，社会的革新に取り組

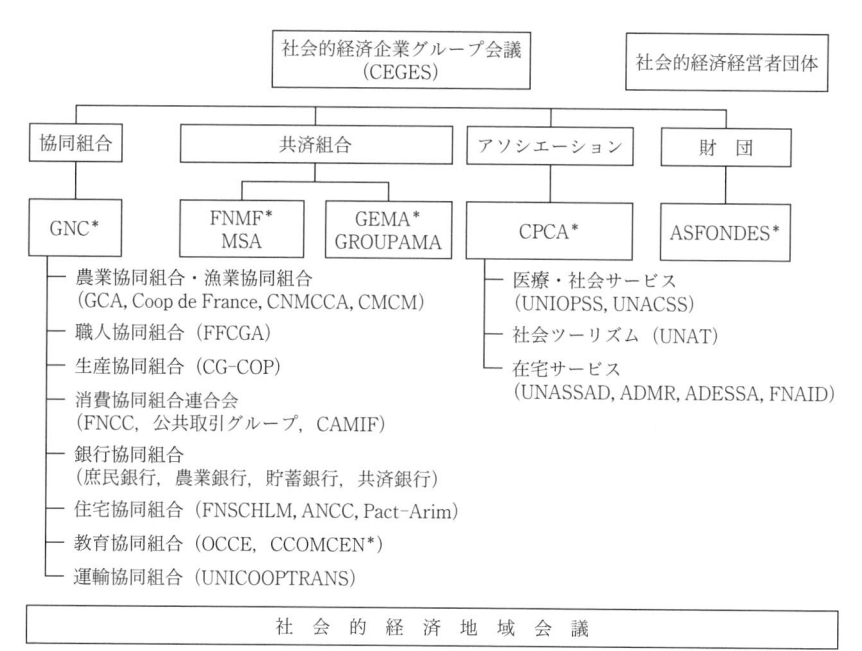

```
                    社会的経済企業グループ会議              社会的経済経営者団体
                         (CEGES)

    ┌──────────┬──────────────┬─────────────┬──────────┐
  協同組合        共済組合         アソシエーション      財 団
    │         ┌─────┴─────┐          │            │
  ┌─┴─┐     ┌─┴─┐      ┌──┴──┐     ┌─┴─┐      ┌───┴───┐
  │GNC*│    │FNMF*│    │GEMA*  │    │CPCA*│    │ASFONDES*│
  └───┘     │ MSA │    │GROUPAMA│   └────┘    └────────┘
            └────┘    └──────┘
    ├─ 農業協同組合・漁業協同組合              ├─ 医療・社会サービス
    │  (GCA, Coop de France, CNMCCA, CMCM)    │   (UNIOPSS, UNACSS)
    ├─ 職人協同組合（FFCGA）                  ├─ 社会ツーリズム（UNAT）
    ├─ 生産協同組合（CG-COP）                 └─ 在宅サービス
    ├─ 消費協同組合連合会                         (UNASSAD, ADMR, ADESSA, FNAID)
    │  (FNCC，公共取引グループ，CAMIF)
    ├─ 銀行協同組合
    │  (庶民銀行，農業銀行，貯蓄銀行，共済銀行)
    ├─ 住宅協同組合（FNSCHLM, ANCC, Pact-Arim）
    ├─ 教育協同組合（OCCE, CCOMCEN*）
    └─ 運輸協同組合（UNICOOPTRANS）

  ┌─────────────────────────────────────────────┐
  │            社 会 的 経 済 地 域 会 議           │
  └─────────────────────────────────────────────┘
```

*CEGESの会員

図11 フランスの社会的経済の構図

み，地域のアクターやメディアとして活動している．
　　Email : conact@ceges.org

## II．社会的経済の各団体

### 1．協同組合
●全国協同組合連合会（GNC）
　主要な協同組合の多くが GNC に加入している．GNC は協同組合セクターの推進と多様な協同組合の交流を図っている．多種の協同組合運動の経験を持ち寄り反映させている．国内，国際的にも協同組合の共通の利益を守り，公権力に対して協同組合セクターを法的な位置づけを促進して，協同組合の金融を含めて活動範囲を広げる役割を果たしている．
　　www.enterprises.coop
　またフランス全体の協同組合セクターの「協同最高会議」が毎年開催されている．

### 2．共済組合
　共済組合は，協同組合と同様に「共済全国最高会議」を持っている．
①保険共済組合（相互保険会社）
●保険共済企業団体（GEMA）
　1964 年に設立された GEMA は仲介人なし保険共済組合やその子会社によって設立された．損害保険共済組合 14，同子会社 13 社，生命保険共済組合 6，共済組合の子会社，協同組合銀行の子会社などが加入している．GEMA は，保険問題と保険支払い内容の調整と共済的な保険の公益性を守るということを業務としている．
　　www.gema.fr
②医療共済組合
●フランス共済組合全国連合会（FNMF）
　共済運動の中心である FNMF は，地方，県の連合会をとりまとめている代表機関である．加入共済組合数は 3,000 以上であり，直接加盟または県連合会に加盟する形である．FNMF は利用者だけでなく医療従事者の双方に関係しており，共済的な利益の調整を行っている．メンバーの活動分野は次のようなものである．
・保健医療制度の下で共済組合の様々なやり方を支援する（補完的医療制度，介護サービス，予防など）
・法律問題，共済組合の経済的側面，市場競争の問題などの分析と助言などの取り組み．
・共済組合における幹部教育．
　　www.fnmf.fr

## 3. アソシエーション

● アソシエーション調整常設会議（CPCA）

CPCA はフランスのアソシエーションの代表的機関．16 の各種アソシエーションが加入し，40 万人以上を集めている．CPCA はフランス社会におけるアソシエーションの認知と価値を高めることに努力している．その目的は以下の通りである．

・アソシエーション全体の発展
・市民的価値，民主主義，人権の認知の推進
・公権力との対話と交渉によるアソシエーションの認知の推進
http://cpca.asso.fr

● アソシエーション全国協議会（CNVA）

政府主導の組織．首相と 66 人のメンバーにより構成されている．1983 年 2 月 28 日に設置．改正が何回か行われ，2003 年 11 月 20 日付け政令 2003-1100 号が最近の改正．アソシエーションの法律規則の検討，アソシエーションの有効な在り方と発展について報告，検討する．アソシエーション全国会議は，通常の会合以外に，特別な問題がある場合には首相が開催することもある．

www.associations.gouv.fr

## 4. 財団

● 社会的経済財団協会（ASFONDES）

2003 年 5 月に ASFONDES が設立された．社会的経済の財団の発展と経済・社会分野での認知の拡大を行うため．また社会的経済組織の公益性と連帯プログラムの推進を図る．会員の計画の支援，公益，メセナや慈善活動の支援や議論の促進，法制改正などのとり組み．

asfondes@ceges.org

## III. 分野別団体

### 1. 農業部門

● 農業協同組織グループ（GCA）

GCA はフランス・コープ（ANR）が集まったもので，団体活動，教育活動を実施．1994 年に設立された C2FAC は，3 つの組織によって作られたもので，専務理事の統括の下 4 つの部局がある．農業政策と一般政策，法制度と規則，人事，企業活動である．この 4 つの部門の他に業務部と財政部がある．

● 全国農業共済・協同・信用連合会（CNMCCA）

フランスの農業部門の共済部門，協同組合部門が集まったもの．すなわち農業共済組合（FNMA），フランス・コープ（旧 CFCA），全国農業信用組合連合会（FNCA）である．公権力との調整を進め，その他農民組織，ヨーロッパレベル，国際レベルでの交流を進めている．

cnmcca@wanadoo.fr
- コープ・ド・フランス（Coop de France）
それ以前にはCFCAと呼ばれた「コープ・ド・フランス」は1966年設立された．農業協同組合の専門家組織であり，今日その目的は次の通りである．
  - 農業協同組合の職能的，物質的，理念的な利益を代表する．
  - 協同促進のための適切な活動
  - 農業協同組合の労使協定の調整
  - 活動に関わる文書・情報の発行

www.coopdefrance.coop

## 2. 漁業部門
- 漁業信用・共済・協同連合会（CMCM）

CMCMはアソシエーションであり，漁民の協同発展促進，加入者の利益擁護のための相互協力をおこなう．とりわけ，公権力との関係調整，ヨーロッパレベルの交渉をおこなう．漁業銀行（庶民銀行グループに所属）は漁業部門の金融に関わり，沿岸漁業の個人や会社に融資を行う．

www.cmcm.org

## 3. 職人部門
- フランス職人協同組合連合会（FFCGA）

FFCGAは職人の団体や協同組合の推進を行う．職人の協同組合企業の職能を超えた協力のネットワークの推進．教育や経験の交流．全国職人協同組合教育協会（ANFCA）も協同組合教育を行うものとして知られる．FFCGAは協同組合点検全国協会（ANRCA）を設立している．

www.ffcga.coop

## 4. 加工産業
- 労働者協同組合総連合会（CG SCOP）

CG SCOPは自由加盟の全国連合会である．同連合会は，法律相談，会員同士の交流，出版などを行う．公権力や政党や経済社会団体への窓口．協同組合関係の法律制定への参画．またヨーロッパ連合における協同組合代表としても参加．CG SCOPは地域連合会，産業別連合会とのネットワークをフランス全体に張っている．

- 労働者協同組合（SCOP）企業ネットワーク

12の地域連合会によって設立された．SCOPの地域連合会は情報交換，地域協力，協同組合企業の設立などを推進する．労働者協同組合の経営管理の支援，地域での業界代表の役割．SCOPは3つの活動分野の連合会の代表機関である．すなわち建設業，設計，情報・金属産業である．

www.scop.coop

## 5. 流通
### ①消費
● 全国消費者協同組合連合会（FNCC）
　35 の協同組合が加入．連合会の役割は，次の通り．
　・業界代表，
　・協同組合間協同，
　・情報交換
### ②商業
● 共同商業店舗連合会
　1963 年 10 月に 2 つの連合会（旧商業協同連合会）によって設立．60 年代に商業団体の存立が危機にあったときに，公権力に対しての商店推進の代表窓口となった．会員の交流・意見交換を行う．
　www.les-enseignes-du-commerce-associe.org
● CAMIF グループ（通販協同組合）
　www.camif.fr
### ③公正貿易
● 公正貿易プラットフォーム
　1997 年以降，公正貿易に取り組む団体が集まった．さらに，南北における不公正取引を是正するための 30 団体が加盟している（輸入会社，製品流通会社，キャンペーン団体，公正ラベル化組織など）．
　www.commercequitable.org

## 6. 銀行セクター
　協同組合銀行セクターは，銀行連合会（FBF）に加盟していると同時に，協同組合銀行グループとして協同組合全国連合会（GNC）にも加盟している．さらにいくつかの金融連合会に分かれている．
　・庶民銀行連合会　　　www.banquepopulaire.fr.
　・協同組合銀行グループ　　www.group.credit-cooperatif.coop
　・全国貯蓄金庫連合会　　www.caisse-epargne.fr
　・相互信用金庫全国連合会　　www.credimutuel.fr
　・農業信用金庫全国連合会　　www.credit-agricole.fr

## 7. 保険
● 保険共済企業団体（GEMA）
　すでにのべたように，仲介人なし保険共済連合が GEMA を設立したが，2004 年に Groupama 連合会が独自に設立された．これは農業保険共済であり，これには地域金庫も加入している．FFSAM（FFSA）（フランス保険会社連合会）の会員でもある．
　1901 年のアソシエーション法に基づき Groupama は設立され，共済グループの推

進をめざしている．
　　www.groupama.com

## 8. 医療
● 医療共済組合

　医療共済組合を代表するのが，すでに述べたフランス共済組合全国連合会（FNMF）である．農業分野では農業社会共済組合連合会（MSA）があり，78の県レベルの共済金庫に下に組織されており，130の地域機関がある．さらに自治体レベルでは76,000人代表がおり，共済金庫は2,030人の地域幹部と25人の中央幹部がいる．共済組合の職員数は19,000人で医師が500人おり加入者にサービスを提供している．農民の社会保障と公的医療の補完的役割という2つの役割を持つ．
　　www.msa.fr

● 民間保健社会サービス機関全国連合会（UNIOPSS）

　全国129の地域アソシエーショングループを集めている．保健，社会サービス，社会医療の分野をカバー．22の地方連合会があり，7,200の事業所がある．UNIOPSSは保健社会サービスの事業所の広いネットワークの調整，発展を目的にしている．
　　www.uniopss.asso.fr

● 医療調整アソシエーション全国連合会（UNACSS）

　医療と社会サービスのアソシエーションの連合会．看護センター関連の業務が中心である．UNACSSは，フランスにおる介護事業所の重要なグループである（約400機関）．
　　www.unacss.org

## 9. 住宅
● 安価住宅協同組合全国連合会（FNSCHLM）

　1908年に設立された．全国160の協同組合が加盟．
　　www.hlm.coop

● 住宅共同所有協同組合全国協会（ANCC）

　1901年7月1日付のアソシエーション法に基づく公設アソシエーション．その使命はボランタリー組織や協同組合，共同所有団体の支援．また法務省の共同所有委員会にも関係している．1,200の共同所有組織が加盟し，教育訓練，扶助，保険など活動を行う．
　　www.copropriete-cooperative.com

● 住宅改善センター全国連合会／不動産再編アソシエーション（PACT-ARIM）

　生活貧困者の住宅供給のために設立された．住宅環境の改善，地方自治体の集合住宅，社会連帯，社会的統合などの役割．142のアソシエーションが加盟．
　　www.pact-arim.org

## 10. 社会的ツーリズム

- 全国ツーリズムアソシエーション連合会（UNAT）

UNATは公権力や社会的パートナーと関連した協同的なツーリズムセクターを代表する。社会的ツーリズムは、国家の観光政策とツーリズムやバカンスの社会政策の発展に貢献するという二重の役割を持つ。UNATは2つの分野に重点を置いている。
  - 経済的分野：経済的評価、統計整備、交流。
  - 社会的分野：連帯活動の促進、たとえばバカンスの組織化、障害者支援、労働組合や企業委員会との連携。

www.unat.asso.fr

## 11. 在宅サービス

- 在宅サービス券〔対人サービス雇用促進と在宅サービス、1996年より開始〕
- 在宅サービス介護アソシエーション全国連合会（UNASSAD）

フランス全県をほとんどカバーしているUNASSADはアソシエーション、共済組合、福祉コミュニティセンターが加盟しており、1,800団体が、在宅介護、在宅看護、家族支援などを行っている。利用者は約50万人で、高齢者、病人、障害者などに対して在宅サービスを行っている。UNASSADは加盟団体同士の調整、利害代表、新しいサービスの開発などを行っている。とりわけ自治体と協力してサービスを行うアソシエーションに対する管理や保険を取り扱っている。

www.unassad.net

- 在宅サービスアソシエーション全国連合会（ADMR）

全国34,000の自治体でネットワークを組織している。ADMRは家族支援および独身者、障害者、高齢視者、病人むけのサービスを行う。

www.admr.org

- 在宅支援アソシエーションネットワーク（ADESSA）

FNAFADとFNADARの2つの連合会が合併した在宅支援全国連合会。

www.federation-adessa.org

- 在宅介護全国連合会（FNAID）

www.fede-adomicile.org

## 12. 教育

- 全国教育協同組合共済組合事業調整委員会（CCOMCEN）

アソシエーション、協同組合、協同組合、労働組合などの非宗教的な組織が集まった団体で、市民活動、連帯、教育などの諸活動を行っている

www.ccomcen.org

- 学校協同組合中央事務所（OCCE）

1928年に設立された公益的アソシエーション。約5万の学校協同組合が連合している。生徒数400万人。

www.occe.net

## 13. 運輸
● 運輸協同組合全国連合会（UNICOOPTRANS）

1963年設立。唯一の認定運輸企業団体。運輸業者購買組織（UCT）や協同組合監査組織（ARCOTRANS）に加入している。現在この連合会は70団体，1,500企業が加入している。

www.unicooptrans.com

## IV. 起業開発支援金融全国ネットワーク

### 1. リスク資本組織
● 社会的経済開発研究所（ESFIN-IDES）
　www.esfin-ides.com
● 雇用のためのラブマネー連合会（Love Money）
　www.lovemoney.org　www.sosdepotdebilan.com
● 連帯貯蓄地域投資家クラブ（シガール）
　www.cigales.asso.fr

### 2. 自己基金銀行貸付保証組織
● フランス・アクティブ・ネットワーク（France Active）
　www.franceactive.org
● NEF金融会社
　www.lanef.com
● 近隣投資基金（FIP）
　地域起業資本投資全国連合会（Unicer）が運営。
　www.unicer.asso.fr

### 3. 労働者協同組合（SCOP）の金融組織
SCOPのネットワークは企業の創設，転換，買収などの金融貸付をしている。
・起業・個人貸し付け（SOCODEN）
・社会的資本（SPOT），SCOPの独自基金による。
・保証金共済（SOFISCOP）

### 4. 長期信用貸付ネットワーク
● 経済事業権アソシエーション（ADIE）
　www.adie.org
● フランス・イニシャチブ・ネットワーク（FIR）

www.fir.asso.fr

## 5. 付随ネットワーク
- 経済事業評価機関（AVISE）
    www.avise.org
- 経営管理ブティック
    www.boutiques-de-gestion.com
- 起業ネットワーク
    www.reseau-entreprendre.org
- 雇用活動協同組合起業協働
    www.cooperer.org

## Ⅴ．雑誌，メディア

- 「経済オルターナティブ」
- 「社会的経済通信」
- 「レクマ，社会的経済国際研究誌」
- 「社会的経済誌」
- 「テス」Tess（「社会的経済連帯経済仕事」誌）
- 「自由ラジオ全国組合」

## 付録 2
## 国際，ヨーロッパレベルの連合会

### ヨーロッパ協同組合・共済組合・アソシエーション・財団常設会議 (CEP-CMAF)

フランスの CEGES と類似したものである CEP-CMAF は 2001 年に設立された．ヨーロッパの社会的経済の各種グループを代表し提案，決定する．ヨーロッパレベルでの経済・社会・文化・政策的推進，法律的な問題とりわけヨーロッパ連合の法律などの調整している．以下，加盟団体．

- ヨーロッパ共済保険・協同組合保険協会 (ACME)

ヨーロッパの 22 カ国の 40 団体および 50 共済保険会社が加入．旧社会主義国，日本からも加入している．

www.acme-eu.org

- 国際共済協会 (AIM)

医療と福祉の共済組合の連合会．ヨーロッパレベルだけでも 1100 万人が加入している．32 カ国の 45 の全国疾病保険連合会が加入し，医療や福祉の社会的保障を行っている．その加入者数は 1 億 5500 万人である．

www.aim-mutual.org

- ヨーロッパ協同組合団体調整委員会 (CCACE)

ヨーロッパの 4 つの協同組合団体により 1982 年に設立された．1983 年 4 月にヨーロッパ議会の要請により，協同組合のすべての部門が CCACE に加入し，共通の利益を調整し擁護する活動を行う．1996 年以降，各国の異業種間の協同組合連合会も加入している．

www.ccace.org

- 公益アソシエーションヨーロッパ委員会 (CEDAG)

1999 年にヨーロッパレベルのアソシエーション分野の代表団体として設立された．CEDAG は EU 加盟国の公益アソシエーションのネットワークである．各国レベル，地域レベルのアソシエーション 50,000 が加入しており，個人会員数は総計 900 万人である．EU の各機関に対してアソシエーションの認識向上や実践交流などを行っている．

www.cedag-eu.org

- ヨーロッパ財団センター (EFC)

財団およびヨーロッパ内外の献金者むけの活動を行う独立組織．現在 200 の会員，賛助会員団体，350 の慈善団体，50,000 のその他団体が加入している．42 ヵ国にまたがる情報ネットワークを持つ．

www.efc.be

その他ヨーロッパレベルの連合会としては以下のものがある．
● 国際協同組合同盟（ICA）
　ICA は協同組合原則と価値をその「協同組合のアイデンティティ宣言」で定めている．100 ヵ国 230 組織，7 億 6000 万人の組合員を数える．ICA は非政府組織の元祖のひとつであり，国連の社会経済委員会（ECOCOSC）や国際労働機関（ILO）などと密接な関係を持つ．
　　www.ica.coop　www.coop.org
● ヨーロッパ労働者協同組合連合会（CECOP）
　国際的な非営利組織で，ヨーロッパ各国 42 カ国の労働者が管理する中小企業を代表する．ヨーロッパ各国の 38 労働者協同組合連合会が加入している．85,000 企業，150 万人の労働者を数える．
　　www.cecop.coop
● 消費者協同組合ヨーロッパ委員会（ユーロコープ）
　ユーロコープは，ヨーロッパの最初の消費者組織であり，その事業組織と消費者の利益擁護を行う．各国の消費者協同組合連合会が加盟し，消費者組合員のための政策推進している．各国連合会が緊密な協力関係を持ち，消費者主体の政策推進をしている．
　　www.eurocoop.be

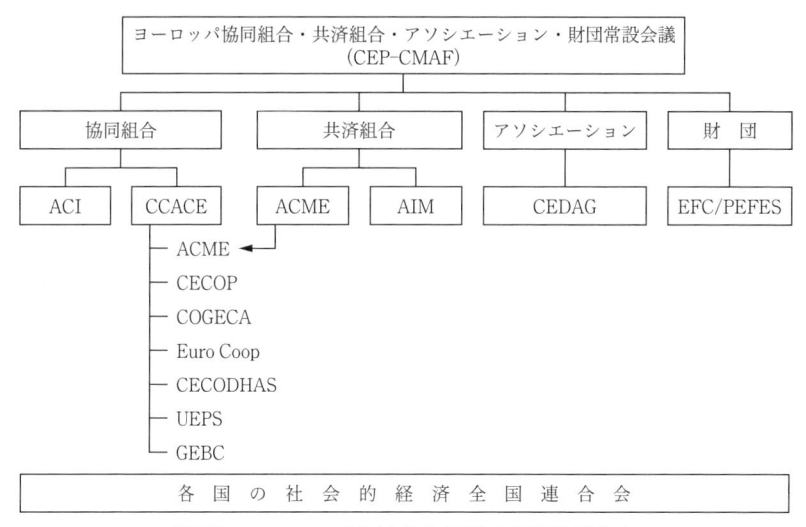

図 12　ヨーロッパの社会的経済の代表的連合会

- ヨーロッパ協同組合銀行グループ（GEBC）

　1970年に設立された協同組合銀行を代表する機関．EUの諸機関諸制度に対する代表機関である．1億3800万人の組合員と1億300万人の顧客がいる．
　　www.gebc.org
- ヨーロッパ社会的経済財団組織（PEFES）

　1999年に5つの財団と社会的経済の企業（協同組合と共済組合）によって設立された．新しい社会的実践や分野区分のはっきりしないと共同の課題のための組織である．
- ヨーロッパ社会的住宅調整委員会（CECODHAS）
　　www.cecodhas.org
- ヨーロッパ農業協同一般委員会（COGECA）
　　www.cogeca.be

# 付録3
# 略語一覧

ACI：国際協同組合同盟〔ICA〕Alliance coopérative internationale
ACME：ヨーロッパ共済保険・協同組合保険協会 Association des assureurs coopératifs et mutualistes européens
ADDES：社会的経済開発協会 Association pour le développement de la documentation sur l'économie sociale
ADIE：経済事業権アソシエーション Association pour le droit à l'initiative éconimique
AE：ヨーロッパアソシエーション〔ヨーロッパ連合法にもとづく〕Association européenne
AIM：国際共済協会 Association internationale de la mutualité
ANCC：住宅共同所有協同組合全国協会 Association nationale des copropriétés coopératives
ASFONDES：社会的経済財団協会 Association des fondations de l'économie sociale
AVISE：経済事業評価機関 Agence de valorisation des initiatives économiques
BIT：国際労働機関〔ILO〕Bureau international du travail
CAE：Coopérative d'activité et d'emploi 雇用活動協同組合
CCACE：ヨーロッパ連合協同組合団体調整委員会 Comité de coordination des associations de coopératives de l'Union européenne
CCOMECEN：全国協同組合共済組合事業調整委員会 Comité de coordination des oeuvres mutualistes et coopératives de l'Éducation nationale
CECOP：ヨーロッパ労働者協同組合連合会 Conféderation européenne des coopératives de production, de travail associé, des coopératives sociales et des entreprises participatives
CEDAG：公益アソシエーションヨーロッパ委員会 Comité européen des associations d'intérêt général
CEDH：ヨーロッパ人権協定 Convention européenne des droits des l'Homme
CEGES：社会的経済企業グループ会議 Conseil de entreprises et groupements d'économie sociale
CEP-CMAF：ヨーロッパ協同組合・共済組合・アソシエーション・財団常設会議 Conférence européenne permanente des coopératives, mutuelles, association et fondations
CEPES：スペイン社会的企業連合会 Confédération espagnole d'entreprises de

l'économie sociale
CERPHI：フィランソロピー研究センター Centre d'études et de recherche sur la philanthropie
CES/ETUC：ヨーロッパ労働組合連合会 Confédération européenne des syndicats
CES：経済社会会議 Conseil économique et social
CESR：地域経済社会会議 Conseil économique et social régional
CESE：ヨーロッパ経済社会委員会 Comité économique et social européen
CFDT：フランス労働民主連合会 Confédération française démocratique du travail
CFE-CGC：フランス管理職労働組合連合会 Confédération française de l'encadrement-Confédération générale des cadres
CFTC：フランスキリスト教労働者連合会 Confédération française des travailleurs chrétiens
CGC：CFE
CG SCOP：労働者協同組合総連合会 Confédération générale des sociétés coopératives de production
CGT：労働総同盟 Confédération générale du travail
CIES：勤労者貯蓄労働組合間委員会 Comité intersyndical de l'épargne salariale
CJDES：社会的経済青年企業家センター Centre des jeunes dirigeants et acteurs de l'économie sociale
CMCM：漁業信用・共済・協同連合会 Confédération de la coopération de la mutualité et du crédit maritimes
CNLAMCA：共済組合・協同組合・アソシエーション連絡全国委員会 Comité national de liaison de activités mutualistes, coopératives et associatives
CNMCCA：全国農業共済・協同・信用連合会 Confédération nationale de la mutualité, de la coopération et du crédit agricoles
CNRS：科学研究全国センター Centre national de la recherche scientifique
CNVA：アソシエーション全国協議会 Conseil national de la vie associative
COGECA：ヨーロッパ農業協同組合一般委員会 Comité général de la coopération agricole (Europe)
CPCA：アソシエーション調整常設会議 Conférence permanente des cooridinations associatives
CREDOC：生活条件研究センター Centre de recherche pour l'étude et l'observation des conditions de vie
CRES(S)：社会的経済地方会議所 Chambres régionales de l'économie sociale (et solidaire)
CSC：協同組合最高会議 Conseil supérieur de la coopération
CUMA：農業資材利用協同組合 Coopérative d'utilisation de matériel agricole
DAL：居住権 Droit au logement

付録3　略語一覧

DGEFP：雇用専門教育局 Délégation générale à l'emploi et à la formation professionnelle
DIES/DIISES：社会的経済各省間代表機関 Délégation interministérielle à l'innovation sociale et à l'économie sociale
EFC：ヨーロッパ財団センター European Foundation Center
ESFIN-IDES　社会的経済開発研究所
ESOP：従業員株式所有制度 Employee Share Ownership
EST：社会的経済・地域経済 Économie sociale et territoires
ETP：同一労働同一賃金 Équivalent temps plein
EURESA：ヨーロッパ社会的経済保険連合会 Rassemblement européens d'assureurs d'économie sociale
EUROCOOP：ユーロコープ（消費者協同組合ヨーロッパ委員会）Fédération européenne des coopératives de consommateurs
FBF：フランス銀行連合会 Fédération bancaire française
FCP：投資共同基金 Fonds commun de placement
FEBEA：ヨーロッパ倫理銀行・オルタナティブ銀行連合会 Fédération européenne des banques éthiques et alternatives
FFCGA：フランス職人協同組合連合会 Fédération française des coopératives et groupements d'artisans
FNCC：全国消費協同組合連合会 Fédération nationale des coopératives de consommation
FNIM：全国職業共済組合連合会 Fédération nationale interprofessionnelle des mutuelles
FNMF：フランス共済組合全国連合会 Fédération nationale de la mutualité française
FNSCHLM：安価住宅協同組合全国連合会 Fédération nationale des sociétés coopératives d'HLM
FNSEA：農業開発組合全国連合会 Fédération nationale des sysndicats d'exploitants agricoles
FO：労働者の力・労働組合 Force ouvrière (CGT-FO)
FOLKSAM：スウェーデン相互保険会社 Mutuelle d'assurance suédoise
GEBC：ヨーロッパ協同組合銀行グループ Groupement européen des banques coopératives
GEMA：保険共済企業団体 Groupement des entreprises mutuelles d'assurance
GGIE：ヨーロッパ経済利益会社 Groupement européen d'intérêt économique
GNC：全国協同組合連合会 Groupements national de la coopération
GRI：グローバル・レポーティング・グループ Global Reporting Initiative
IAE：経済活動による労働参入組織 Insertion par l'activité économique

ICOSI：国際社会協同研究所 Institut de coopération sociale internationale
IDES：社会的経済研究所 Institut de l'économie sociale (Groupe ESFIN-IDES)
IESA：社会的責任・倫理的責任研究所 Institut of Social and Ethical Accountability
INSEE：国立経済統計局 Institut national de la statistique et des études économiques
ISR：社会的責任投資 Investment socialement responsable
LB：デンマーク保険共済組合 Mutuelle d'assurance des instituteurs du Danemark (Laererstandens Brandforskikring)
MACIF：フランス保険共済組合連合会 Mutuelle d'assurance des commeçants et industriels de France et de cadres salariés de l'industrie et du commerce
MAIF：フランス教員自動車保険共済組合連合会 Mutuelle d'assurance automobile des instituteurs de France
ME：ヨーロッパ共済組合〔ヨーロッパ連合法にもとづく〕Mutuelle européenne
MGES：社会的経済管理の共済組合 Mutuelle à gouvernance d'économie sociale
MSA：農業社会共済組合連合会 Mutualité sociale agricole
MSI：仲介なし保険共済組合 Mutuelle sans intermédiaire
NBCA：アメリカ協同組合事業協会 National Business Cooperative Association
NSEJ：新若者雇用サービス Nouveaux services employs jeunes
OCCE：学校協同組合中央事務所 Office central de la coopération á l'école
OIT：国際労働機構〔ILO〕Organisation internationale du travail
ONG：非政府組織〔NGO〕Organisation non gouvernementale
ONU：国連機関 Organisation des Nations Unies
PNUE：国連環境プログラム Programme des Nations Unies pour l'environnement
P&V：ベルギー協同組合保険グループ Groupe coopératif d'assurance belge
RECMA：雑誌『社会的経済評論、レクマ』Revue internationale de l'économie sociale (coopératives, mutuelles, associations)
REVES：社会的経済ヨーロッパ地域自治体ネットワーク Réseau européen de villes et régions de l'économie sociale
RMB：モンブラン会議（国際社会的経済会議）Rencontres du Mont-Blanc (transnationales d'économie sociale)
RSE：企業の社会的責任 Responsabilité sociale des entreprises
RTES：連帯経済地域ネットワーク Réseau des territoires pour l'économie solidaire
SA：株式会社 Société anonyme
SALES：スペイン、労働会社 Sociedades laborales (Espagne)
SARL：有限会社 Société anonyme à responsabilité limitée
SAS：簡易株式会社 Société anonyme simplifiée
SCE：ヨーロッパ協同組合〔ヨーロッパ連合法にもとづく〕Société coopérative européenne

SCIC：社会的共益協同組合 Société coopérative d'intérêt collectif
SCOP：労働者協同組合 Société coopérative de production
SE：ヨーロッパ会社〔ヨーロッパ連合法にもとづく〕Société européenne
SGAM：共済保険〔相互保険会社〕連合会 Société de group d'assurance mutuelle
SICAV：可変資本投資会社〔オープン型投資信託会社〕Société d'investissement à capital variable
TES：サービス雇用資格 Titre emploi service
UES：社会的経済連合会 Union d'économie sociale
UNASSAD：在宅サービス介護アソシエーション全国連合会 Union nationale des associations de soins et services à domicile
UNAT：全国ツーリズムアソシエーション連合会 Union nationale des associations de trourisme
UNICOOPTRANS：運輸協同組合全国連合会 Union nationale des coopératives et groupements du transport
UNIFED：非営利保健社会医療事業者団体連合会 Union des fédérations et syndicats nationaux d'employeurs sans but lucratif du secteur sanitaire, médico-social et social
USGERES：社会的経済事業者団体連合会 Union national des syndicats et groupements d'employeurs de l'économie sociale

## 訳者あとがき

本書は Thierry Jeantet, "Économie Sociale -la solidarité au défi de l'efficacité", La documentation Française, 2006. の全訳である．

著者の T. ジャンテはフランスのみならずヨーロッパにおける社会的経済の実践家であり理論家である．いずれも未訳であるが『共同的個人』(1983)，『現代民主主義，直接民主主義』(1991) などをはじめ，これまで社会的経済関係の本を中心に多くの著作を執筆している．現在，彼はヨーロッパ社会的経済保険連合会（EURESA）の専務理事であり，また世界の社会的経済の運動をとりまとめるべく 2007 年に社会的経済「モンブラン会議」をフランスで主催し，同年，日本にも来日して社会的経済についての講演を各地で行った．

社会的経済はフランス生まれの概念と言われているが，いまや世界的にその考えは徐々にひろまりつつある．とりわけヨーロッパでは社会的経済セクターの実体と運動はヨーロッパ連合の政策の中に取り入れられていることを含めて，各国の社会政策，労働政策と関連して拡大しつつある．社会的経済の文献としてはこれまで J. ドゥフルニィ，J.L. モンソン編『社会的経済』，C. ボルザガ，J. モロー『社会的経済とはなにか』，J. ドゥフルニ編『社会的企業』（いずれも日本経済評論社）などがあり，訳者もその翻訳の一端を担ってきた．現在，ようやく社会的経済や連帯経済という概念が日本においても幾分か知られるようになり，とりわけ社会的企業という言葉はマスコミなどでも取り上げられるようになってきた．

本書は，社会的経済の理論と運動の初発の地ともいえるフランスにおける社会的経済の歴史と最近の到達点をわかりやすく整理しているという点で，これまでの日本における社会的経済理論の文献に新たに追加すべきものであ

るといえよう．

　日本において，社会的経済の認知度は未だに低いといってよい．社会的経済の概念は曖昧だとの批判を 1990 年代前後から受けたが，そもそも社会的経済を構成する協同組合，共済組合，アソシエーションについては，日本で協同組合の個別法が存在するだけという，特殊日本的事情が概念定義を了解することの難しさの最大の理由だったと思われる．

　これまで社会的経済は，ドイツの批判者からは「社会主義経済」のようなものだと言われ，マルクス主義派の批判者からは新自由主義の追従者のようなものだと的はずれな批判を受けてきた．

　社会的経済の考えがこれまでなかなか日本において受け入れられなかった事情としては公的セクター（政府）と営利民間セクター（市場）の二分法的思考の根深さにあろう．その最大の原因は，たとえばフランスにおける 150 年以上にわたる社会的経済の運動の脈々たる流れ，すなわち市民的および労働者的アソシエーションの運動がきわめて不十分であったという日本の歴史的事情にある．

　現在のフランスの社会的経済の「先進性」はについて次のような特徴点を上げることができる．

　第 1 にフランスにおいては社会的経済関係の法律がいくつも作られてきていることである．これは政府が社会的経済の存在と役割を一定程度認知していることを示すし，市民が経済的活動や社会活動を行うための制度整備が進んでいることを示す．たとえば日本での法整備を見ると，協同組合法は縦割りで一般法は存在せず，また労働者協同組合法も存在しない．アソシエーションに関しては 1998 年の特定非営利活動法（いわゆる NPO 法）を一応の法律とするまで存在しなかったし，また共済組合法も公務員関係の規則を例外として，実際上の共済組合法は存在していない．また財団も日本的特殊性を持っており，市民的活動からはほど遠い存在にすぎない．近年改正された公益法人法は非営利組織の自主的経済事業活動や公益性認定において問題をはらんだものである．

第2にフランスにおいては，社会的経済運動のネットワークが構築されていることである．いわば従来型の農協や協同組合金融機関や労働者協同組合が新しく登場しつつある社会的企業を支援し，雇用や社会サービスの分野で積極的な役割を果たせるようにしていることである．翻って日本においては，そうした新旧の社会的経済グループ（たとえば農協・生協などと新しい事業型NPOなど）同士のネットワークづくりはほとんど行われていない．したがって日本では社会的経済セクターは形成されていない．

　第3に，フランスにおいては，社会的連帯金融というべきものが始まっている．これは，社会的経済セクターあるいは非営利・協同セクターのスキームをバージョンアップさせるものとして評価できる．すなわち，従来の協同組合原則においては人々は出資者であったが，フランスの「勤労者貯蓄法」を援用して，社会的連帯金融において社会的企業を支援する人々は，勤労者にして投資家（資本家）の性格も持つのである．日本における市民バンクやマイクロクレジットの試みはいまだ小規模のものであるが，それは協同組合的金融機関による剰余金の極一部を使ったものか，あるいは出資者が利子を受け取らないものであるが，フランスにおいては「勤労者の投資」なのである．さらには社会的経済金融市場の形成が進みつつある．もちろんこの実験がどのように展開するのかについて楽観論は禁物であろう．しかし，連帯金融の動きは，バングラディシュのグラミン銀行の例をはじめとして，ヨーロッパ各国，アメリカ大陸で倫理銀行，社会的連帯銀行，地域通貨などの運動として展開している．この点ではフランスは先頭を走って実験を試みているのである．

　フランスの社会的経済は社会的要請である連帯と経済的要請である効率の両立を追求することに眼目を置いている．市場でどのように市民的民主的経済活動が振る舞うのか，また準市場および非市場において連帯経済はどのように市民の社会的政治的経済的活動を活性化し，それらをネットワーク化できるのか．この課題はヨーロッパのみならず日本においてもきわめて重大な課題となって近々直面することになると思われる．

本書が出版に漕ぎ着けたのもひとえに，日本経済評論社の清達二氏のおかげである．

　本書はフランスの社会的経済に関するものであるが，日本の社会とりわけ市民社会の経済活動および社会活動のあるべき方向を考える上で参考にされ活用されることが，訳者の願いである．

# 索引

## ［欧文］

EMES　45
EU 会社法　5
EU 協同組合法　5, 80-1
EU 憲法　38
Groupama　32, 96, 121, 124, 128, 157
NEF 金融会社　160

## ［あ行］

アソシエーション雇用券　65
アソシエーション全国協議会(CNVA)　103
アソシエーション調整常設会議(CPCA)　103, 122
アベール，M.　6
アメリカ　13, 15, 45, 125, 130, 142, 148
　　――協同組合事業協会(NBCA)　168
アルビ労働者ガラス生産組合　12
安価住宅協同組合全国連合会(FNSCH-LM)　99, 158
イギリス　11, 13, 17, 41, 76, 131-3, 146
イタリア　11, 18, 41, 76, 132-3, 140, 146
医療調整アソシエーション全国連合会(UNACSS)　158
運輸協同組合全国連合会(UNICOOPTRANS)　100, 160
ウニポール　132-4
営業税　58, 60
エコロジー　125, 132
オウエン，ロバアト　10, 13
応用経済　20
オルターナティブ経済　44-5, 86, 101

## ［か行］

学校協同組合中央事務所(OCCE)　159, 168
ガバナンス　29, 114, 129, 133, 144-5
株式会社(SA)　5, 24, 30-2, 48, 60, 73, 79, 126, 130, 132, 141
貨幣　6, 14, 39, 43
カベー　12
可変資本投資会社〔オープン型投資信託会社〕(SICAV)　30
簡易株式会社(SAS)　32
癌センター全国連合会(FNCLCC)　152
幹部　4, 27, 32, 63-4, 154, 158
企業委員会　36, 121, 159
企業財団　69, 71-3
起業ネットワーク　161
企業の社会的責任(RSE)　125-31
キャピタルゲイン　58
共済組合・協同組合・アソシエーション連絡全国委員会(CNLAMCA)　21, 40, 42, 87, 147
共済保険〔相互保険会社〕連合会(SGAM)　79
協同組合
　　――監査機関(ARCOTRANS)　100
　　――共和国　14
　　――原則　164
　　――最高会議(CSC)　4
　　――証券　30
漁業信用・共済・協同連合会(CMCM)　89, 156
居住権協会(DAL)　99
キリスト教　16

索引　175

銀行連合会(FBF)　157
近隣サービス　114-5
近隣性　27, 35
近隣投資基金(FIP)　160
勤労者貯蓄法　128
勤労者貯蓄労働組合間委員会(CIES)　128
グローバル化　vi, 29, 30, 82, 95, 114, 116, 119, 131, 135, 141-2, 144, 151
グローバル・レポーティング・グループ(GRI)　167
経済活動による労働参入組織(IAE)　86
経済事業権アソシエーション(ADIE)　160
経済事業評価機関(AVISE)　165
経済民主主義　43, 123
結社の自由　60-2
ケベック　25
公益アソシエーション　63, 162
公共経済　20
公正価格　15
公正貿易　94
　　──プラットフォーム　95
公的サービス　37, 40, 111
公的セクター　2, 20, 34, 37, 39, 108, 110, 143
効率性　33, 114, 133, 142
コープ・ド・フランス(Coop de France)　145, 156
コーポラティズム　7
国際共済会(AIM)　162
国際協同組合同盟(ICA)　148
国際社会協同研究所(ICOSI)　168
国際労働機関(ILO)　v
国立経済統計局(INSEE)　168
国連環境プログラム(PNUE)　130
国連機関(ONU)　168
ゴダール, F.　139
ゴダン, J.-B.　13, 16
雇用活動協同組合(CAE)　76
雇用活動協同組合起業協働　161
雇用専門教育局(DGEFP)　167

雇用のためのラブマネー連合会(Love Money)　160
コレクティビズム　25

[さ行]

サードセクター　34-5, 39
サービス雇用資格(TES)　169
在宅介護全国連合会(FNAID)　159
在宅サービスアソシエーション全国連合会(ADMR)　159
在宅サービス介護アソシエーション全国連合会(UNASSAD)　118, 159
在宅支援アソシエーションネットワーク(ADESSA)　159
雑誌『社会的経済評論』(RECMA)　23
参加証券　30, 51
サン−シモン　13
ジード, Ch.　3, 10-2, 14-6, 18-20, 39-40
時間通貨　140
自治体　v, 27, 37, 43, 45, 57, 61, 66, 72, 76, 80, 107-8, 110-6, 159
市民社会　36, 101
社会契約　143
社会的イニシャチブ　v
社会的会計　44, 132-7, 149
社会的共益協同組合(SCIC)　30, 76‐8, 116, 146
社会的経済
　　──開発基金(Coop Est)　105, 147
　　──開発協会(ADDES)　165
　　──開発研究所(FSFIN-IDES)　167
　　──各省間代表機関(DIES)　107-8, 155
　　──管理の共済組合(MGES)　95
　　──企業グループ会議(CEGES)　108, 117, 147, 152
　　──経営者代表会議　152
　　──研究所(IDES)　30, 147-8, 160
　　──財団協会(ASFONDES)　104, 152
　　──事業者団体連合会(USGERES)　117-20, 122, 152
　　──社会党宣言　4

――青年企業家センター(CJDES)　132-3, 148
　　――・地域経済(EST)　116
　　――地方会議所(CRES)　114, 153
　　――ヨーロッパ地域自治体ネットワーク(REVES)　116
　　――連合会(UES)　116
社会的市場経済　38-9
社会的弱者　5, 24, 108, 121, 139, 144
社会的責任投資(ISR)　121, 126, 129
社会的責任・倫理的責任研究所(IESA)　168
社会的統合　28, 43, 108-9, 112, 116, 149, 158
社会的排除　99, 108, 130, 144, 149
社会的報告書　132
社会的リスク　109
社会的労働事業所　14
社会保障金庫　57
自由主義　11, 14
従業員株式所有制度(ESOP)　167
住宅共同所有協同組合全国協会(ANCC)　99, 158
住宅改善センター全国連合会/不動産再編アソシエーション(PACT-ARIM)　158
シュルツェ-デリッチュ, H.　11, 18
商業税　73
消費者協同組合ヨーロッパ委員会（ユーロコープ）　163, 167
剰余金の公正分配　24
職員数　103, 158
庶民銀行　11, 18, 32, 85, 97, 128, 156
人的会社　48, 117, 145
新若者雇用サービス(NSEJ)　109, 146
スウェーデン　39, 41, 144
　　――相互保険会社(FOLKSAM)　144
ステークホルダー　42, 79, 125
スペイン　31, 41, 76
　　――社会的企業連合会(CEPES)　165
生活条件研究センター(CREDOC)　83, 166

全国教育協同組合共済組合事業調整委員会(CCOMCEN)　152, 159
全国協同組合連合会(GNC)　86, 141, 154
全国消費者協同組合連合会(FNCC)　94, 157
全国職業共済組合連合会(FNIM)　98
全国ツーリズムアソシエーション連合会(UNAT)　100, 159
全国農業共済・協同・信用連合会(CNMC-CA)　89, 124, 155
葬儀サービス　2
ソレイユ劇場　100

[た行]

第三世界　5
第三の道　14, 35
第四世界　5
第四の経済　37-8
多様な当事者　36
男女共同参画　132
地域起業資本投資全国連合会(Unicer)　160
地域経済社会会議(CESR)　115
チャリティ組織　76
「仲介」企業　5
仲介なし保険共済組合(MSI)　95, 154
貯蓄金庫　85, 97, 129
ツールーズ・オーケストラ　100
適用障害母子施設アソシエーション連合会(SNAPEI)　152
デロッシュ, H.　8, 15, 40
デンマーク　15
　　――保険共済組合(LB)　168
ドイツ　11, 17-8, 39, 41
同一労働同一賃金(ETP)　102, 167
投資共同基金(FCP)　30
ドゥフルニ, J.　45, 150
ドット・コープ　141-2
ドラペリ, J.-F.　20, 37, 44, 114
トンチン方式　59

索引

## [な行]

内部民主主義　v, 134
ニーズの論理　139
ニーム派　10, 12, 17
日本　iii, v, 44, 162
ネットワークのネットワーク化　142
農業開発組合全国連合会(FNSEA)　124
農業協同組織グループ(GCA)　155
農業資材利用協同組合(CUMA)　88

## [は行]

バーチャルな連合　141
パートナーシップ　v, 31, 76, 93-4, 107, 110-6, 134
ビエンニ, C.　26, 44
非営利企業　3, 5
非営利保健社会医療事業者団体連合会(UNIFED)　169
非営利保健社会サービス機関連合会(SOP)　152
東ヨーロッパ　105, 146
非貨幣経済　39
非商業経済　39
非政府組織(ONG)　125, 163, 168
1人1票原則　v, 2, 24, 50, 117
ビュシェ, P.　12, 16
非利潤目的　62
ビルディング・ソサエティ　76, 146
貧困　iii, 45, 144, 149-50
ファランステール　13, 16
フィナンソル　127-8
フィランソロピー研究センター(CERPHI)　85-6
フーリエ　13, 16, 18
フォーケ, G.　20
フォーディズム　36
福祉国家　23, 37
ブラジル　v, 115
フランス
　――・アクティブ・ネットワーク(France Active)　160
　――・イニシャチブ・ネットワーク(FIR)　160
　――管理職労働組合連合会(CFE-CGC)　117, 128
　――教員自動車保険共済組合連合会(MAIF)　28, 29, 95, 97, 132-5
　――共済組合全国連合会(FNMF)　58, 97-8, 119, 152, 154
　――キリスト教労働者連合会(CFTC)　121, 128
　――銀行連合会(FBF)　98, 158
　――職人協同組合連合会(FFCGA)　90, 156
　――赤十字　153
　――保険共済組合連合会(MACIF)　27, 95, 97, 120-1, 132-3, 144, 148
　――労働民主連合会(CFDT)　117-21, 128
ブラン, ルイ　11, 14
プルードン, P.-J.　11, 13-4
ブルジョア, L.　12
プロテスタント　10
分権化　110, 114-6
ベルギー　25, 41, 132
　――協同組合保険グループ(P&V)　168
ボーダレス化　40, 82
保険共済企業団体(GEMA)　78, 96-7, 147, 152, 154
ポルトガル　41

## [ま行]

マイクロクレジット　98, 147, 150
マイクロバンク　149-50
マネージメント　144-5
ミッテラン, フランソワ　2, 4
ミュンクナー　41
民間病院介護施設連合会(FEHAP)　152
民間保健社会サービス機関全国連合会(UNIOPSS)　122, 142, 158
民主的企業　34, 143

メセナ法　69
モロウ，J.　45
モンドラゴン　31
モンブラン会議(RMB)　148-9

［や行］

有限会社(SARL)　5, 33, 48, 76
有償労働　63
ユートピア　9, 15, 45, 117
ヨーロッパ
───アソシエーション（法）　80-1, 165
───(EU)会社(SE)　5, 30
───(EU)共済組合（法）　5, 80, 124
───共済保健・協同組合保険協会(ACME)　162
───(EU)協同組合　5, 81
───協同組合・共済組合・アソシエーション・財団常設会議(CEP-CMAF)　42, 105, 147, 162
───協同組合銀行グループ(GEBC)　164
───協同組合団体調整委員会(CCACE)　162
───経済社会委員会(CESE)　166
───経済利益会社(GGIE)　167
───財団センター(EFC)　82, 104, 162
───社会的経済保険連合会(EURESA)　123-4
───社会的住宅調整委員会(CECODHAS)　164
───人権協定(CEDH)　61
───農業協同一般委員会(COGECA)　164
───倫理銀行・オルターナティブ銀行連合会(FEBEA)　98, 147, 150
───連合の保険法　56
───労働組合連合会(CES/ETUC)　123
───労働者協同組合連合会(CECOP)　123, 163

［ら・わ行］

ライファイゼン，F.W.　17
ラビル，J.-L.　36, 39
リピエッツ，A.　35-7, 39
リフキン，J.　34, 39, 142
ル・シャプリエ法　7
ル・プレ，F.　10, 14
連帯経済　v, 5, 36-9, 43-5, 94, 115
───地域ネットワーク(RTES)　116
連帯貯蓄　121
───地域投資家クラブ（シガール）　161
労働会社(SAL)　76
労働者株主　91
労働者協同組合(SCOP)　15, 31, 48, 51, 90-2, 133, 145, 157, 160
　　ヨーロッパ───連合(CECOP)　123, 163
　　───総連合会(CGSCOP)　92, 121-3, 156
労働者の力(FO)　117, 119-21
労働総同盟(CGT)　117, 119-21, 128
ロカール，ミッシェル　1, 21, 40
ロッチデール公正開拓者組合　12, 17

ワルラス，レオン　11, 20

[訳者紹介]

石塚秀雄(いしづかひでお)

非営利・協同総合研究所いのちとくらし主任研究員,都留文科大学文学部社会学科講師.1948年東京生まれ.中央大学文学部哲学科卒.著書に『バスク・モンドラゴン』(彩流社),『非営利・協同システムの展開』(共著,日本経済評論社),『日本の医療はどこへいく』(共著,新日本出版社)他.訳書に『福祉国家』(白水社),『社会保障は民営化できるか』(同時代社),『社会的企業』(共訳,日本経済評論社)他.

---

フランスの社会的経済

2009年10月23日　第1刷発行

定価(本体2800円＋税)

著　者　ティエリ・ジャンテ
訳　者　石　塚　秀　雄
発行者　栗　原　哲　也
発行所　株式会社 日本経済評論社

〒101-0051 東京都千代田区神田神保町3-2
電話 03-3230-1661　FAX 03-3265-2993
E-mail: info8188@nikkeihyo.co.jp
振替 00130-3-157198

装丁・渡辺美知子
印刷／製本・中央印刷

---

落丁本・乱丁本はお取替えいたします　Printed in Japan
© ISHIZUKA Hideo 2009
ISBN 978-4-8188-2072-2

・本書の複製権・翻訳権・上映権・譲渡権・公衆送信権(送信可能化権を含む)は,(株)日本経済評論社が保有します.

・JCOPY 〈(社)出版者著作権管理機構　委託出版物〉
本書の無断複写は著作権法上での例外を除き禁じられています.複写される場合は,そのつど事前に,(社)出版者著作権管理機構(電話 03-3513-6969, FAX 03-3513-6979, e-mail: info@jcopy.or.jp)の許諾を得てください.

## 非営利・協同システムの展開
中川雄一郎, 柳沢敏勝, 内山哲朗編著　本体 3400 円

## 欧州サードセクター
——歴史・理論・政策
A. エバース, J.-L. ラヴィル編
内山哲朗, 柳沢敏勝訳　本体 4600 円

## 社会的企業
——雇用・福祉の EU サードセクター
C. ボルザガ, J. ドゥフルニ編
内山哲朗, 石塚秀雄, 柳沢敏勝訳　本体 8200 円

## 完全従事社会の可能性
——仕事と福祉の新構想
福士正博　本体 4200 円

## 市民社会民主主義への挑戦
——ポスト「第三の道」のヨーロッパ政治
山口二郎, 宮本太郎, 小川有美編　本体 3200 円